Das Transformation-Management-Office – Deep Dive

AF148724

Sylvia Kern

Das Transformation-Management-Office – Deep Dive

Mit Hands-on-Mentalität die agile und digitale Transformationen umsetzen

Mit einem Beitrag von Iris Zeppezauer sowie einem Interview mit Gerda Söhngen und Christian Schmidt

Sylvia Kern
Bad Aibling, Deutschland

ISBN 978-3-662-69334-6   ISBN 978-3-662-69335-3   (eBook)
https://doi.org/10.1007/978-3-662-69335-3

Die Deutsche Nationalbibliothek verzeichnet diese Publikation in der Deutschen Nationalbibliografie;
detaillierte bibliografische Daten sind im Internet über https://portal.dnb.de abrufbar.

© Der/die Herausgeber bzw. der/die Autor(en), exklusiv lizenziert an Springer-Verlag GmbH, DE, ein
Teil von Springer Nature 2024

Das Werk einschließlich aller seiner Teile ist urheberrechtlich geschützt. Jede Verwertung, die nicht
ausdrücklich vom Urheberrechtsgesetz zugelassen ist, bedarf der vorherigen Zustimmung des Verlags.
Das gilt insbesondere für Vervielfältigungen, Bearbeitungen, Übersetzungen, Mikroverfilmungen und
die Einspeicherung und Verarbeitung in elektronischen Systemen.
Die Wiedergabe von allgemein beschreibenden Bezeichnungen, Marken, Unternehmensnamen etc. in
diesem Werk bedeutet nicht, dass diese frei durch jede Person benutzt werden dürfen. Die Berechtigung
zur Benutzung unterliegt, auch ohne gesonderten Hinweis hierzu, den Regeln des Markenrechts. Die
Rechte des/der jeweiligen Zeicheninhaber*in sind zu beachten.
Der Verlag, die Autor*innen und die Herausgeber*innen gehen davon aus, dass die Angaben und
Informationen in diesem Werk zum Zeitpunkt der Veröffentlichung vollständig und korrekt sind.
Weder der Verlag noch die Autor*innen oder die Herausgeber*innen übernehmen, ausdrücklich oder
implizit, Gewähr für den Inhalt des Werkes, etwaige Fehler oder Äußerungen. Der Verlag bleibt im
Hinblick auf geografische Zuordnungen und Gebietsbezeichnungen in veröffentlichten Karten und
Institutionsadressen neutral.

Planung/Lektorat: Mareike Teichmann
Springer Gabler ist ein Imprint der eingetragenen Gesellschaft Springer-Verlag GmbH, DE und ist ein
Teil von Springer Nature.
Die Anschrift der Gesellschaft ist: Heidelberger Platz 3, 14197 Berlin, Germany

Wenn Sie dieses Produkt entsorgen, geben Sie das Papier bitte zum Recycling.

Vorwort

**TMO – Transformation-Management-Office – The Game Changer
Den Wandel im Unternehmen proaktiv und erfolgreich gestalten!**
Mehr denn je müssen sich in diesen Zeiten Unternehmen, ganz gleich
welcher Größe, den veränderten Rahmenbedingungen wie der Digitalisierung oder einer Pandemie anpassen und einem Wandel unterziehen,
um wettbewerbsfähig zu bleiben.

Das ist alles andere als einfach und vielerorts scheut man die Herausforderung, sich der Sache auch wirklich anzunehmen. Doch damit sind
die eigene Agilität und das weitere Bestehen am Markt in Gefahr – und
das „nur" wegen interner Bedenken und möglicher selbst geschaffener
Hindernisse. Hier muss das obere Management die Herausforderung erkennen, annehmen, tätig werden und Abhilfe schaffen. Dafür wird eine
klare Struktur benötigt und der Wille, den Wandel auf allen Ebenen des
Unternehmens zu vollziehen und mitzugestalten – vom Top-Manage-
ment über die mittlere Führungsebene bis zum einzelnen Mitarbeiter.

Für Unternehmen ist es von entscheidender Bedeutung, die richtigen Initiativen zu kennen und zu ermitteln und durchzuführen. Um si-

cherzustellen, dass diese Initiativen durchgeführt werden, verfügen viele Unternehmen über ein Project Management Office (PMO), das für die Überwachung der Initiativen zuständig ist und dafür sorgt, dass sie auf dem richtigen Weg sind und die erwarteten Ergebnisse liefern.

Der digitale Wandel stellt Unternehmen vor die Aufgabe, sich den Herausforderungen und Möglichkeiten der digitalen Welt anzupassen, um wettbewerbsfähig zu bleiben. Eine regelrechte Transformation ist nötig, um den Wert ihrer Veränderungen zu maximieren.

Für solche tiefgreifenden Umstrukturierungsprozesse bedarf es über das Projektmanagement hinaus eines Strategiemanagements. Idealerweise wird dies in einem Transformation-Management-Office (TMO) umgesetzt, das folgende Funktionen vereint:

Das TMO

- richtet alle Initiativen und Projekte auf die Vision, den Auftrag und die Ziele eines Unternehmens aus und stellt sicher, dass echte Geschäftsbedürfnisse erkannt und berücksichtigt werden
- entwickelt gemeinsam mit Führungskräften und PMO einen Transformationsfahrplan, der getrennte Teile der Organisation zu einem einheitlichen System für die Umsetzung von Strategien durch Projekte verbindet
- gewährleistet die volle Verantwortlichkeit und Konformität mit den Prioritäten, Plänen und Strategien der Transformation
- entlastet die Unternehmensführung effektiv und proaktiv
- unterstützt die Teams dabei, voneinander zu lernen, unproduktive Redundanzen zu vermeiden und Widerstände zu überwinden

Mit den erforderlichen Ressourcen und passenden Game Changern ausgestattet, fungiert das TMO als kompetenter Verfechter des Wandels – konsequent und nachhaltig.

Dieses Buch liefert Ihnen die wichtigsten Informationen für ein funktionierendes TMO mit Tipps zur Best Practice – damit Sie sicher und erfolgreich Ihren Transformationsweg gehen können!

Sylvia Kern

Vorwort zu „Deep Dive"

Im ersten Buch die „TMO Basis" (Kern 2023: Das Transformation-Management-Office – Die Basis) ging es darum, die Voraussetzungen, die Rahmenbedingungen zu schaffen, damit Unternehmen & Organisationen ein TMO (Transformation-Management-OfficeTransformation-Management-Office) etablieren können. Mithilfe des Basis-Buches haben Sie das Fundament geschaffen. In diesem zweiten Buch starten wir nun die Expedition und nehmen uns etappenweise der Herausforderung der Transformation an und setzen das erworbene Wissen mittels eines Leuchtturmprojektes auch um.

Wir haben das Commitment des Managements, das ebenso im TMO involviert ist und wir haben ein willensstarkes TMO-Team aufgebaut, mit vielfältigen Kompetenzen und Fähigkeiten, sowohl auf Basis der Hard- wie auch auf der Ebene der Softskills.

Nun gilt es, dass das TMO Fahrt aufnimmt, Kick-offs initiiert, die ersten Steps generiert und die Future-Landscape visualisiert, Strategien und Pläne schmiedet und diese umsetzt.

Wir machen dabei einen Ausflug in die Change-Landschaft, denn wo ein Wandel ansteht, gibt es auch eine Berg- und Talfahrt, die mit einem guten Change-Konzept im Rucksack und – nicht zu vergessen – einer guten Kommunikation erfolgreich begleitet werden kann und muss.

Wie lernt man die Prozesse, die optimalerweise mit Templates umgesetzt werden, am besten? In der Praxis, Hands-on sozusagen. Ein Leuchtturmprojekt, wie erwähnt, ist dafür bestens geeignet! Vielleicht auch gleich eine ERP-Implementierung – die hat es zwar in sich, bietet jedoch den Vorteil, dass zugleich das ganze Unternehmen beleuchtet und auf den Kopf gestellt wird.

Digitalisierung ist nicht nur eine technische Revolution, sondern auch ein sozialer, menschlicher Umbruch. Es werden Freiräume geschaffen, damit Menschen die komplexen Aufgaben im Unternehmen lösen können, die weder KI noch Algorithmen leisten können.

Dadurch verändert sich die Zusammenarbeit massiv. Es erfolgt ein Change der Kultur hin zu einem erwachsenen, selbstverantwortlichen Menschen in einem Unternehmen und einer Gesellschaft. Es geht um die Erweiterung der Softskills und um die Frage, wie wir als Mitarbeiter und Geschäftspartner zukünftig miteinander agieren wollen.

Wenn Collaboration immer wichtiger wird, müssen die Ellenbogen vieler Menschen zwangsläufig „weicher" geschliffen werden, damit ein WIR-Faktor geschaffen werden kann.

In „Deep Dive" widmen wir uns einer Fülle an relevanten Themen, zu denen ich Ihnen aus meiner 20-jährigen Erfahrung in der ERP-/IT-Welt erprobtes Hands-on-Know-how gebe, damit auch Sie sich neu aufstellen können und fit für die Zukunft sind.

Gleichfalls bekommen Sie noch einige weitere Impulse von einigen Interviewpartnern, wie Gerda Söhngen, Christian Schmidt (Keil Befestigungen) und Gastautorin Iris Zeppezauer, die Ihnen aus deren Umfeld ihre Expertise für eine moderne und erfolgreiche Zukunft vermitteln. Für das Mitwirken der Gastautoren möchte ich mich persönlich ganz herzlich bedanken!

Ich wünsche Ihnen viel Spaß beim Lesen und UMSETZEN!

im Sommer 2024   Sylvia Kern

Inhaltsverzeichnis

Über die Autorin

(Foto Astrid Obert)

Sylvia Kern arbeitete viele Jahre lang für diverse Microsoft-Partner im IT/ERP-Umfeld als Team Lead, Senior Project Managerin, Managing Partner Consultant und als CTrO – Chief Transformation Officer. Der Entschluss für ihre Selbständigkeit, war unter anderem, ihr Ziel, ihre vielfältige Expertise aus den unterschiedlichsten Projekten, Bereichen und Karriere-Stationen zu vereinen und dieses Unique-Business-Potenzial mit ihrer Added-Value-Performance Agentur an ihre Kunden weiterzugeben.

Sylvia Kern vereint betriebswirtschaftliches Know-how mit strategischem, konzeptionellem Wissen, innovativen und kreativen Ideen und Lösungen und den vielen praktischen Erfahrungen aus dem Projektgeschäft. Sie verfügt über Abschlüsse als Innovationsmanager:in FH, Digital Transformation Managerin cert., zertifizierte/r Agile Coach, SCRUM Master, Diversity Managerin cert. und für die mentale Ebene greift sie auf ihr Know-how als Reiki-Meisterin zurück.

Ihr Kundenklientel umfasst sowohl namhafte Global Player, Unternehmen, Organisationen, wie auch Selbständige, vorwiegend aus den Bereichen Technologie, Mode, Kunst, Musik und Event.

Ziel von Sylvia Kern und ihrer Agentur ist es, ihre Kunden und deren Business-Potenzial auf das nächste Level zu heben. Durch ihre vielfältige Expertise liefert sie auf Knopfdruck die perfekte Lösung und schafft dadurch einen einzigartigen Mehrwert.

In einer digitalen und immer komplexeren Welt ist es künftig wichtiger denn je, sich vom Wettbewerber abzugrenzen und seine einzigartigen Vorteile hervorzuheben.

Gemeinsam schafft sie das mit ihren Kunden – Strukturen, Dienstleistungen und Produkte werden auf das nächste Unique-Level gehoben. Oft benötigt es nur eine kleine Veränderung, ein kleines UpDate, ein Feature, um große Wirkung zu erzeugen. Von Prozesse, Systemen, Tools, Strukturen, Konzepte, Business-Modelle, Skill-Sets und vieles mehr. Smart – Simple – einfach genial!

Ihre Rolle ist DIE Umsetz- und Next Level Expertin, Thought Leader, Mentorin, Brain-Investorin, Autorin & Speakerin und ist somit Wegbegleiterin für ihre Klienten. Damit die Kunden-Wünsche & Ziele nach Veränderung auch in die Realität umgesetzt werden.

Langeweile ist für Sylvia Kern ein Fremdwort, als Scanner-Persönlichkeit ist sie wissenshungrig, kreativ und offen für Neues ist. Vernetzt denken und komplexe, kreative, einzigartige Lösungen zu entwickeln

sind Dinge, die sie nicht nur für ihre Kunden angeht. Um die Ecke ge-
dachte Ideen mit Strategie und Plan umzusetzen, Menschen begeistern
und einbinden – zusammengefasst:
Content & Fun PLUS Next Level!

Sylvia Kern
LinkedIn: https://www.linkedin.com/in/sylvia-kern/
Website: www.sylviakern.com

1

TMO Strategie & Hands-on

Zusammenfassung Das Transformation-Management-Office versteht sich als strategisches Instrument, es ist jedoch empfehlenswert, dieses mit einem Hands-on-Charakter auszustatten. Will heißen, nicht nur strategisch denken, sondern auch umsetzen. Ein Agieren wie es im KMU-Bereich vorzufinden ist, auf Basis eines Big4-Styles. Der Macher-Hands-on-Ansatz aus der Startup-Szene lässt das TMO seine volle Kraft entfalten. Darin liegt im Übrigen künftig auch die Kunst. In Konzernen überwiegen die Strukturen und das Gerüst, zudem gibt es unzählige Abstimmungsrunden. Da kann der frische Wind nur schwerlich Einzug halten. Wiederum in kleinen und mittelständischen Unternehmen ist man zwar flexibler, anpassungsfähiger, versperrt sich jedoch oft Neuerem und es fehlt häufig eine gewisse Struktur. Sicherlich wäre der Co-Creative-Gedanke der gegenseitigen Inspiration dienlich – Corporates lernen die Wendigkeit von dem KMU-Segment und diese wiederum profitieren von Structure & Strategy der Konzerne.

© Der/die Autor(en), exklusiv lizenziert an Springer-Verlag GmbH, DE, ein Teil von
Springer Nature 2024
S. Kern, *Das Transformation-Management-Office – Deep Dive*,
https://doi.org/10.1007/978-3-662-69335-3_1

1.1   Management meets TMO

Eine zentrale Aufgabe des TMOs ist es, das Management – Board – Steering Committee miteinzubinden und auch über mögliche Challenges zu informieren bzw. dafür zu sensibilisieren. Das Management ist grundsätzlich am Ziel, Erfolg, sprich am Ergebnis interessiert, daran ist nichts Verwerfliches, jedoch muss hier auch die Realitätsbrille miteinbezogen werden. Das Ziel ist leider in der Regel nicht auf „geradem" Weg zu erreichen, ähnlich einer Bergetappe, schlängelt sich der Weg zum Ziel empor entlang.

Deshalb sollte hier ebenfalls eine offene und transparente Kommunikation erfolgen und erfolgen können.

Ein weiterer Punkt, der im Management entschieden wird, ist das Budget und die entsprechenden Ressourcen.

Jeder von uns kennt die Projekte, die scheitern und diese Quote ist leider immer noch erschreckend hoch, in unzähligen Studien, Büchern, Artikeln wird von 70 % gesprochen. Dies wird auch durch die Unternehmensberatung McKinsey (2019) untermauert.

Strategischer Ansatz, strukturiertes Vorgehen, realistisches Budget, entsprechende Ressourcen sind und bleiben die Schlüsselfaktoren.

Sind diese Faktoren transparent dargelegt worden, darf natürlich auch eine Timeline zur Umsetzung nicht fehlen. Auch hier gilt wieder, einen realistischen Ansatz zu wählen. Niemandem ist geholfen, ein ehrgeiziges Ziel zu verfolgen, das von vornherein nicht machbar ist, selbst mit dem häufigen Umsetzungs-Mittel des „Druckes". Genau das Gegenteil wird dadurch erreicht, Motivation und Engagement werden so nicht geschaffen. Die Zeiten, dass Projekte „durchgedrückt" werden, sind Gott sei Dank allmählich vorbei – immer mehr hält Empathie in den Projekten als Skill-Faktor Einzug, sprich, das Profil des TMO-Leiters, Projekt-Leiters hat sich vom „Projekt-Durchdrücker" zum Projekt-Erfolgs-Gestalter gewandelt!

Und dies wiederum macht auch deutlich, warum die agile und digitale Transformation mehr ein kultureller und gesellschaftlicher Wandel ist, anstatt ein rein technischer Wandel.

1.2 TMO „Hands-on"

Das Transformation-Management-Office versteht sich, wie eingangs erwähnt, nicht nur als strukturierter Treiber der Transformation, der mit erhobenem Zeigefinger die Route vorgibt. Ganz im Gegenteil, im TMO sind Gestalter mit an Bord, die die Transformation vorleben und als Rolemodel mit gutem Beispiel vorangehen.

Sie agieren mit den Key-Usern aus den Fachbereichen, mit den externen Dienstleistern ebenso wie dem Management, aus der Hands-on-Vogelperspektive.

Sie haben den Blick für das große Ganze und setzen Prioritäten, wann welches Topic für die entsprechende Transformation ansteht.

Beispielsweise bei einer ERP-Implementierung sind viele Fachbereiche, Departments involviert, jeder Fachbereich möchte gesehen werden, um nicht „zu kurz zu kommen". Möglicherweise sind weitere Stakeholder einzubinden, wie beispielsweise Investoren. Trotz dem Ansatz, allen so gut wie möglich gerecht zu werden, ist es wichtig, entsprechende Prioritäten zu setzen, denn was nützt es, wenn nach dem Motto agiert wird, „Wer am lautesten schreit, der erhält seine Bühne".

Auch das ist etwas, was immer mehr verstanden werden muss, es geht nur im WIR-Ansatz, jeder Fachbereich ist für ein Unternehmen wichtig, ohne Finance & Controlling geht nichts, aber genauso wenig geht es ohne Purchase oder Sales, Webshop und die vielen anderen Projektbeteiligten.

Grundsätzlich wäre es hilfreich, wenn alle Beteiligten mehr Verständnis zeigen und mehr das große Ganze in den Mittelpunkt rücken – sprich, das gewünschte Ziel. Weniger Fokus auf nur den eigenen Bereich und deren Nöte und mehr über den eigenen Tellerrand zu blicken. Jeder ist ein wichtiger Teil, um den gemeinsamen Erfolg zu erzielen. (siehe Abb. 1.1).

Nach dem Motto, vom Ich-Du-Wir Ansatz!

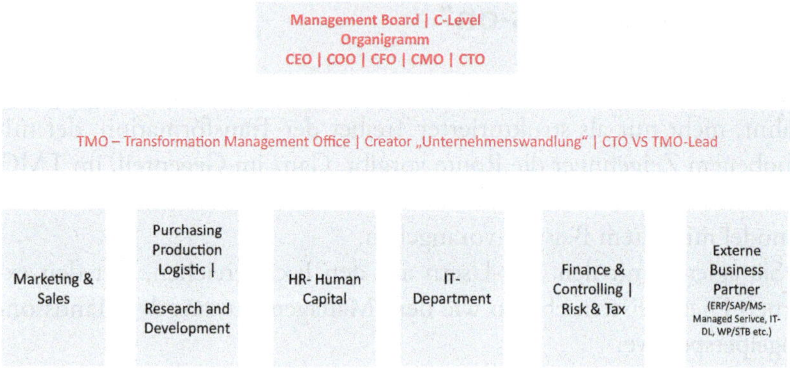

Abb. 1.1   TMO Organigram ©Sylvia Kern 2024. All Rights Reserved

2

First-Mover- & Kick-Off Acts

Zusammenfassung Die Beteiligten, wie auch das Management, das Board, warten sehnlichst auf News – wann geht es denn endlich los!? Verständlich, wo jedoch noch alles orchestriert und vorbereitet werden darf und muss, benötigt es eine Vorbereitungsphase. Noch dazu, wenn sich im Laufe der Vorbereitung noch einiges ändern kann, wäre es mit Kanonen auf Spatzen geschossen, ein Steering Committee einzuberufen, wenn vieles einfach noch zu planen ist. Hier wäre es sicherlich sinnvoll, das Management im Vorfeld dafür zu sensibilisieren – das Gras wächst nicht schneller, wenn man daran zieht. In der Planung eine offizielle Vorbereitungszeit einzuplanen und zu kommunizieren, ist für ein erfolgreiches Projekt jeglicher Art von Nutzen.

2.1 TMO-Team-interner Step trifft Walt Disney

Am Anfang muss sich das TMO-Team erst intern zusammenfinden und „beschnuppern". Die Rollen sowie die Aufgaben sind zu prüfen. Sinnvoll für die Aufteilung der Aufgaben und Rollen ist es, zu klären, wo die jeweiligen Fähigkeiten und Interessen eines jeden einzelnen im

© Der/die Autor(en), exklusiv lizenziert an Springer-Verlag GmbH, DE, ein Teil von Springer Nature 2024
S. Kern, *Das Transformation-Management-Office – Deep Dive*, https://doi.org/10.1007/978-3-662-69335-3_2

TMO-Team liegen und wie diese am besten zum Einsatz kommen können. Die Rollendefinition ist auf keinen Fall zu unterschätzen – dies
geschieht häufig in der Praxis – sind die Rollen und Aufgaben nicht
für jeden klar, besteht die Herausforderung in den Projekten, dass sich
möglicherweise „niemand angesprochen oder zuständig" fühlt. Tritt diese
Option im Projekt auf, bedeutet das ein erhöhtes Risiko und unter Umständen auch ein Stillstand für ein Projekt. Klarheit in Projekten jeglicher Art, sorgt für ein effektiven und effizienten Projektverlauf. Eine
weitere Thematik in Projekten ist es, dass die Rollen und Aufgaben häufig erst „IM Projekt" selbst definiert werden, oft herrscht der Gedanke,
„Schauen wir mal, das wird schon werden". Diese Vorgehensweise weist
den gleichen Effekt auf – Risiko pur! Ohne Klarheit ist somit das Chaos
vorprogrammiert. Dementsprechend ist die Stabilität– wie im Basis-
Buch erwähnt – notwendig und dadurch sind Sie in der Lage, agil auf
veränderte Rahmenbedingungen durch die klar definierten Aufgaben
und Rollen zu agieren.

Dies ist die Basis, bevor die erste Etappe durch das TMO-Team ge-
startet werden kann.

In der Team-Findungsphase ist es empfehlenswert, wenn z. B. der
CTrO (Chief Transformation Officer) oder TMO-Manager auch innerhalb der funktionalen Rollen auf unterschiedliche Charaktereigenschaf-
ten der TMO-Mitglieder achtet bzw. sogar bewusst einbezieht. Im spä-
teren Verlauf des Buches wird hier noch detaillierter darauf eingegan-
gen, wie ein guter Team-Mix zum Erfolgsfaktor werden kann.

Das TMO-Team versteht sich zum einen als Vorantreiber der agilen
und digitalen Transformation und ist dadurch immer auf der Suche
nach „Lösungen – Ideen" und kreativen Ansätzen. Werden bekannte
und ausgetretene Pfade verlassen, ist es sinnvoll, unterschiedliche Sichtweisen einzunehmen, die zum einen durch unterschiedliche Charaktere
erreicht werden und zum anderen mit Kreativitätstechniken umgesetzt
werden können.

Hier eignet sich z. B. die Kreativitätstechnik „Walt Disney", die ohne
großen Aufwand auch in einem MeetUp, Weekly und dergleichen eingesetzt werden kann.

Zweck und Einsatzmöglichkeit der Walt Disney Methode
Die Walt-Disney-Methode eignet sich, wenn Sie für ein Problem eine pragmatische Lösung suchen oder Sie entsprechend definierte Ziele vertiefen und konkretisieren möchten. Ideen und Lösungen werden gefunden, auch eine Verfeinerung und eine entsprechende Bewertung ist gegeben. Sie eignet sich besonders, um auf die Schnelle, pragmatische Art und Weise die Herausforderungen zu lösen und zu bewerten, ohne einfach ins Blaue zu agieren. Diese Methode liefert Ihnen somit gute umsetzbare Lösungen und ist mit wenig Aufwand verbunden.

Was hat Walt Disney mit einer Kreativitätstechnik zu tun?
Kommt nun die Methode von Donald und Micky? Nein, weit gefehlt, Walt Disney diente dem amerikanischen Autor und Trainer Robert B. Dilts als Inspiration, der selbst im Bereich NLP (Neuro-Linguistische Programmierung) Experte ist. In seinem Buch „Strategies of Genius" schrieb er über den Comic-Pionier und die 3 Walts: den Träumer, den Realisten und den Kritiker, welche die Basis für seine Walt-Disney-Strategie/-Methode bilden.

Und wie geht sie nun, die Walt-Disney-Methode?
Sie haben ein aktuelles Problem oder eine Aufgabe und kommen nicht weiter oder möchten für eine angedachte Lösung und deren mögliche Konsequenzen verschiedene Blickwinkel einnehmen. Erstellen Sie eine Mindmap oder, starten Sie im Team eine Brainstorming-Runde.

Es benötigt unterschiedliche „Denkhüte" oder „Denkweisen" (siehe Abb. 2.1):

- Der **Träumer,** der sich seinen verrückten Ideen hingeben darf, wildes Rumspinnen ist erlaubt!
- Der **Realist** holt den Träumer schnell von seiner Wolke, denn dieser macht sich Gedanken über die konkrete Umsetzung der Ideen.
- Der **Kritiker** grätscht gerne dazwischen und überprüft die Ideen auf optionale Risiken.

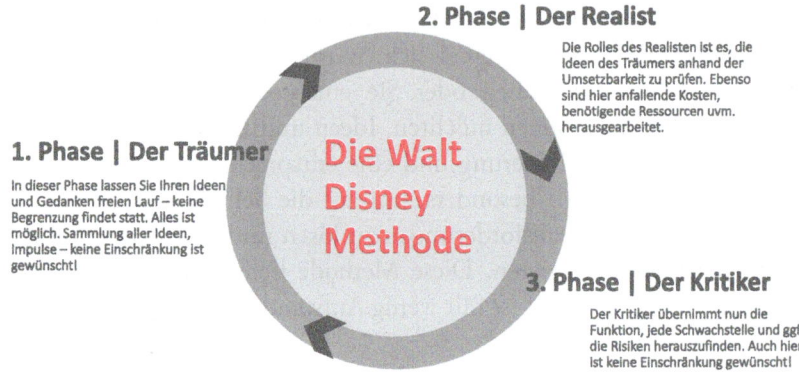

2. Phase | Der Realist

Die Rolle des Realisten ist es, die Ideen des Träumers anhand der Umsetzbarkeit zu prüfen. Ebenso sind hier anfallende Kosten, benötigende Ressourcen uvm. herausgearbeitet.

1. Phase | Der Träumer

In dieser Phase lassen Sie Ihren Ideen und Gedanken freien Lauf – keine Begrenzung findet statt. Alles ist möglich. Sammlung aller Ideen, Impulse – keine Einschränkung ist gewünscht!

Die Walt Disney Methode

3. Phase | Der Kritiker

Der Kritiker übernimmt nun die Funktion, jede Schwachstelle und ggf. die Risiken herauszufinden. Auch hier ist keine Einschränkung gewünscht!

Der Kreislauf kann beliebig oft wiederholt werden!

Abb. 2.1 Walt Disney Methode © Sylvia Kern 2024. All Rights Reserved

Anhand dieser Methode sind die ersten **Steps des TMOs mit Leichtigkeit** anzugehen und bieten ein gutes Rüstzeug, um aus der Vision einen stabilen Plan zu entwickeln!

2.2 Vision – Plan – Roadmap|Grobkonzept

Eine Vision, ein Ziel zu haben, ist die Ausgangsbasis für die ersten Schritte. Wenn Sie z. B. eine ERP-Implementierung anstreben und Sie diese erfolgreich umsetzen möchten, müssen Sie Ihr Ziel, Ihre Anforderung an den Outcome der Transformation stellen. Für eine ERP-Einführung wäre dies z. B. die Prozesse zu digitalisieren, optimieren, harmonisieren und eine Skalierbarkeit des Unternehmens zu erreichen.

Definieren Sie dies am besten schriftlich und halten Sie ebenfalls schriftlich fest, was die Ziele sind und was der Outcome leisten soll. Häufig ist man mit einem Ergebnis nicht zufrieden, dies liegt unter anderem daran, dass sich vorab über das Ergebnis keine Gedanken gemacht wurde.

Ebenso wichtig ist es, die Ziele immer wieder neu zu prüfen und gleichfalls zu evaluieren. Was nützt es Ihnen in der Anfangsphase, ein

Ziel zu definieren, wenn Sie im laufenden Prozess feststellen, dass dies keinen Sinn ergibt oder sich andere Wege und Möglichkeiten ergeben? Im Beispiel eines ERP-Systems könnte es sein, dass anfänglich der Wunsch eines integrierten CRM-Systems mitaufgenommen wurde. Im weiteren Projekt-Fortschritt wurde dann erkannt, dass die Anforderungen, Wünsche an ein CRM-System weit umfangreicher sind – wie z. B. Social Media, Redaktionsplanung etc. – als übliche CRM-Funktionen in einem ERP-System integriert und leisten könnten.

Anhand der gesteckten Ziele erarbeiten Sie sich eine Roadmap sowie ein entsprechendes Grobkonzept, auch hier gilt wieder – ITERATIVES Vorgehen, Schritt für Schritt. Es ist ausreichend, sich mit dem „Groben" vorerst zu beschäftigen, um dann in die Details z. B. innerhalb der noch anstehenden Einzel-Workshops zu gehen (siehe Abb. 2.2 und 2.3).

2.3   Town Hall meets TMO | Erfolgreiche Vorstellungsrunde

Eines Ihrer Ziele ist es sicherlich, dass Ihre Transformationsprojekte erfolgreich sind. Damit diese erfolgreich werden, ist Kommunikation, Transparenz und Information ein Must-DO.

Große Ziele benötigen eine große Bühne und hierfür eignet sich ein Town Hall Meeting exzellent. Der Begriff Town Hall Meeting bedeutet übersetzt Rathaussitzung, hierunter wird das Zusammentreffen von

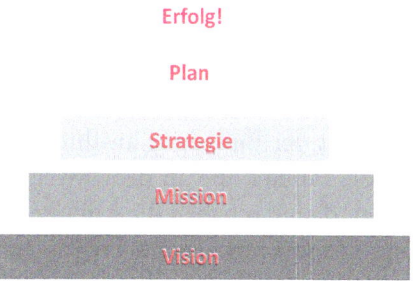

Abb. 2.2   Vision & Plan © Sylvia Kern 2024. All Rights Reserved

Abb. 2.3 ERP Roadmap © Sylvia Kern 2024. All Rights Reserved

„Bürgern" (Bürgerversammlung) verstanden. In der Businesswelt sind es nicht die Bürger, sondern Ihre Mitarbeiter, die eingeladen werden, um zu informieren, diskutieren und Entscheidungen zu treffen. In der Regel lädt der CEO, das Management, alle Mitarbeiter ein, um über anstehende Veränderungen und strategischer Neuausrichtungen zu informieren und Unternehmensziele oder Erfolge zu präsentieren. Es geht um einen offenen Austausch, Ideen, Erfahrungen und Ansichten dürfen hier getätigt werden, es fördert den Dialog wie auch das Gemeinschaftsgefühl. Das Town Hall Meeting kann analog in einer entsprechenden Räumlichkeit, Saal, oder auch digital umgesetzt werden, insbesondere, wenn nicht alle Mitarbeiter an einem Standort zusammenarbeiten. Ein Town Hall Meeting dient einem weiteren Zweck: die sogenannte Gerüchteküche und Falschinformationen in Zaum zu halten. Die Informationen kommen direkt von der Basis vom Management und der Flurfunk hat dadurch keine Chance.

Town Hall Meeting (THM) Organisation & Co.

Erstellen Sie am Anfang für das THM eine strukturierte Agenda und versenden die Agenda mit der Einladung an Ihre Mitarbeiter. Die Mitarbeiter sollten über die Punkte, die an dem Meeting besprochen werden, informiert werden, dadurch haben die Mitarbeiter die Gelegenheit, sich auf das Meeting mit entsprechenden Fragen vorzubereiten. Nicht nur die Transformation benötigt ein konkretes Ziel, auch das THM bedarf einer präzisen Zielsetzung, was soll im Detail kommuniziert werden?!

Im Anschluss an das Meeting sollte eine Q&A-Session anberaumt werden. Am besten wiederholen Sie darin die Zielsetzung des THM, um die Q&A-Session auch zielgerichtet zu steuern, damit nicht zu viele Randthemen diskutiert werden – der Fokus ist der Inhalt der Agenda. Je nach Größe des Unternehmens und des Rahmens macht es unter Umständen Sinn, einen Moderator einzusetzen, der das Geschehen etwas steuert und lenkt und optional bei Online-Events Fragen aus dem Chat aufgreifen und einstreuen kann.

Ist das THM absolviert, darf gerne das Ergebnis zusammengefasst und an die Teilnehmer verteilt werden. Eine weitere Möglichkeit wäre, dass die Online-Veranstaltung aufgezeichnet wird und diese dann ebenso zur Verfügung gestellt wird.

Bei Online- oder auch Hybrid-Veranstaltungen macht es sicherlich Sinn, einen Testlauf zu initiieren, wie bei einem GoLive eines Systems, wo im Vorfeld Tests stattfinden.

Bei Online-Veranstaltungen ist es unter anderem ratsam, in der Einladung eine kurze Beschreibung hinsichtlich der technischen Details mitzugeben, auch Tipps über Online-Etikette sind sicherlich hilfreich. Wir setzen immer vieles voraus, was für das jeweilige Umfeld nicht selbstverständlich ist.

Sofern das THM noch einen größeren Rahmen darstellen soll, greifen viele Unternehmen hier auch beispielsweise auf entsprechend spezialisierte Unternehmen zurück, die dies als Service anbieten und umsetzen.

THM – Inhalte & Ausblick

Wie schon erwähnt, informieren Sie den entsprechenden Teilnehmerkreis über den Inhalt des THM und das entsprechende Ziel, auch der Ausblick, was ansteht. Nächste Schritte bekräftigen das THM und das entsprechende Ziel, das Projekt bzw. den jeweiligen Transformationsschritt.

3

TMO | Strategie – Ziel – Plan – und Projekt los!

Zusammenfassung Kommunikation, Information, Transparenz – die Erfolgstreiber für Projekte und die Zusammenarbeit. Ein jeder stimmt diesen Punkten immer zu, aber die Realität sieht dann doch häufig anders aus. Im Business-Alltag geht diese Vorhaben meist unter, die klare und transparente Kommunikation und wird dann doch leider nicht gelebt. Der schnelle Outcome im Projektalltag winkt und das Thema mit der offenen Kommunikation gerät dann meist wieder ins Abseits. Projekte wollen „vermarktet" und „umgesetzt" werden, da wird die offene Kommunikation eher als Hindernis empfunden. Dennoch, wer nicht oder zu wenig kommuniziert, gibt die Kommunikation in die Café-Küche und es verbreiten sich möglicherweise Gerüchte, die für massive Verwirrung sorgen und sogar ein Risiko darstellen. Also planen Sie das Projekt in allen Bereichen strategisch, offen, transparent und binden Sie die richtigen Personen ein, dann klappt das Projekt in Time, Budget and Quality!

© Der/die Autor(en), exklusiv lizenziert an Springer-Verlag GmbH, DE, ein Teil von Springer Nature 2024
S. Kern, *Das Transformation-Management-Office – Deep Dive*,
https://doi.org/10.1007/978-3-662-69335-3_3

3.1   TMO-Standing

Das TMO-Team repräsentiert und vertritt das Unternehmen und somit, dessen Ziele, Veränderungen und Transformationsvorhaben. Veränderungen gelingen und werden befürwortet, wenn diese von Personen vermittelt werden, die über ein gewisses Ansehen/Standing im Unternehmen verfügen. Sie müssen in der Organisation gut vernetzt sein und über eine entsprechende positive Akzeptanz innerhalb der Mitarbeiterschaft zurückgreifen können. Etwas neues zu etablieren, gelingt mit Vorbildern, die im Unternehmen auch noch anerkannt sind, viel, viel einfacher. Auch hier ist wieder die Kommunikation das A und O, wo Veränderung ansteht, stehen Konflikte bzw. unterschiedliche Interessen an und diese Reibungen gilt es zu erkennen und ihnen entgegenzuwirken. Wenn das Agieren „Schulter an Schulter" erfolgt und am jeweiligen Ziel gemeinsam gestaltet wird, ist ein Erfolg sicher. Kommunikation vom Ich – DU – WIR – Ansatz.

3.2   Rückenwindplanung | Onboarding & Team-Schulung

Das TMO-Team hat sich nun zusammengefunden und steht fest. Die ersten Schritte, Steps stehen an und sollten offen und transparent kommuniziert werden. Die ersten Etappen sind am besten vorab mit den Mitarbeitern zu besprechen, die **pro Veränderung** sind und hierbei als „Rückenwind" dienen. Nicht jeder liebt Veränderung, deshalb ist es klug, sich im Unternehmen so viel Befürworter wie möglich zu erschließen. Ihre Vorgehensweise für Projekte und Vorhaben sollte auf einem strukturierten Ablauf aufsetzen. Mittels eines Projektcanvas kann dies flink umgesetzt werden. Ein Template, das für jedes neue Vorhaben umzusetzen und zu empfehlen ist. Setzen Sie ebenso einen Projekt-Onboarding-Plan bzw. eine Struktur für Ihre Kollegen auf. Da diese Schritte in der Regel ähnlich ablaufen, könnten Sie zusätzlich eine Online-Team-Schulung initiieren und ein Video erstellen. Alle wichtigen Informationen, Projektcanvas, Projekt-Onboarding-Plan, Video und vieles mehr, können dann in einem Paket zusammengestellt werden und als Leitfaden dienen. Selbstverständlich können die Inhalte den Rahmenbedingungen angepasst werden. Gleichfalls sollten die Methoden und Tools erläutert werden, die in Betracht kommen.

Wenn Projektbeteiligte wissen, wo etwas zu finden ist und dadurch Missverständnissen vorgebeugt und zusätzlich die Zusammenarbeit vereinfacht wird, sichern Sie sich durch diese strukturierte Vorgehensweise noch mehr Rückenwind im Unternehmen!

3.3 Kommunikationstool für Updates finden & bewerben!

Für die **Kommunikation, die Zusammenarbeit sind Tools** unerlässlich; viele Organisationen, Unternehmen haben sich dem geöffnet, viele sind dennoch ein wenig oldschool unterwegs. Ein wichtiges Kriterium für die Auswahl eines Tools sollte sein, welche Tools werden im **Unternehmensumfeld** eingesetzt? Was nützt mir ein Tool, was meine Kooperationspartner nicht einsetzen. Ohne hier Werbung machen zu wollen, Microsoft Teams ist in den Unternehmen das am meisten angewendete Collaboration-Tool und es bietet die Möglichkeit, kleinere Projekte über diese Plattform gleichfalls zu organisieren. Ein weiterer Vorteil von MS Teams: Sie können die unterschiedlichsten Systeme miteinander verbinden.

Haben Sie IHR Collaboration-Tool ausgewählt und gefunden, heißt es, dieses intern zu etablieren und vor allem zu nutzen und die Nutzung zu bewerben.

Manche Mitarbeiter sind noch ein wenig zurückhaltend, diese Zurückhaltung könnten Sie mit News z. B. in einem MS Teams-Channel aufbrechen – informieren Sie Ihre Mitarbeiter darüber regelmäßig. Bieten Sie doch auch die **Möglichkeit, einen mitarbeitereigenen Channel** aufzusetzen um sich innerhalb des Unternehmens – departmentübergreifend – auszutauschen oder auch für Absprachen unter Kollegen für private Unternehmungen – dies zahlt auf das Wir-Gefühl gleichfalls ein.

3.4   Start – Entscheider – Team | Projekterfolg

Wie sagt man so schön, eine gute Planung ist die halbe Miete und ist die Basis für das Gelingen eines Projektes. Das Ziel, der Projektauftrag, muss klar und deutlich formuliert sein, die Projektkosten müssen ebenfalls realistisch geplant sein, was nützt einem eine Rosa-Wolken-Budgetierung, mit anfänglicher berauschender Stimmung, wenn diese im Projektverlauf von dunklen Fakten-Wolken überrollt wird?

Sicherlich ist es oft anfangs schwierig, die tatsächlichen Fakten, Rahmenbedingungen offen anzusprechen, denn in den wenigsten Projekten gibt es optimale Start- und Rahmenbedingungen. Dennoch sehe ich es als Pflicht, erstmal die Ausgangsbasis mit Fakten offen zu beschreiben, diese dann, so gut es geht, zu bereinigen und entsprechende positive Rahmenbedingungen zu schaffen, damit mit dem Team an einem Strang gezogen werden kann.

Entscheider für sich gewinnen!

Die Rahmenbedingungen sind entscheidend für den Projekterfolg, dies wiederum bedeutet, Sie müssen die Entscheider für Ihre Projektidee gewinnen, um den entsprechenden Rahmen überhaupt schaffen zu können.

In der Regel betrifft es das Projektbudget und die Ressourcen bzw. das Skill-Set, um das es zu verhandeln gilt. Um diese Rahmenbedingungen zu schaffen, müssen Sie die Sprache der Entscheider sprechen. Sprich, bevor Sie ein Steering Committee oder ähnlich ansetzen, werfen Sie einen Blick auf die Entscheider und setzen Sie deren Kommunikationsbrille auf – kommunizieren Sie also typgerecht. Hierzu gehen wir später im Kapitel „Kommunikation" näher darauf ein, wie Sie mit roten, gelben, blauen und grünen Persönlichkeiten erfolgreich kommunizieren. Ebenso ist es sinnvoll, die Entscheider schon vorab ein wenig zu analysieren, um sich bereits im Vorfeld auf optionale Totschlagargumente gut vorzubereiten.

Nutzen Sie ebenfalls bereits vorab gewisse Einwände und bauen Sie diese gekonnt in Ihre Präsentation ein, Sie werden Ihre Zuhörer verblüffen und ein gekonntes Lächeln der Entscheider erhalten, wenn Sie den

Einwand gleich im Vorfeld auf Eis legen konnten. Ein Schacht-Matt-Zug quasi!

Vorbereitung zur Projektidee-Gewinnung

* Wer entscheidet?
* Welche Einwände könnten geäußert werden?
* Einwände bereits in die Argumentation (Einwandbehandlung) einbauen
* Nutzenargumentation und diese mit Fakten belegen
* Referenzen einholen zur Untermauerung

Projektbeteiligte gewinnen!
Ziehen die Entscheider mit und sind die Startbedingungen geklärt, dürfen selbstverständlich die Projektbeteiligten und Teammitglieder nicht fehlen, die es zur Umsetzung braucht!

Nicht jeder ist begeistert davon, Altes loszulassen und Neues mit offenen Armen willkommen zu heißen, dies gelingt am besten, wenn Sie auch hier auf den Nutzen für den jeweiligen Beteiligten eingehen – denn Veränderung benötigt Einsicht und Offenheit. Sie sollten gleich vorab Sicherheit vermitteln, nicht jeder ist ein Abenteurer, der bei Change & Transformation „juchu" schreit. Also prüfen Sie auch hier mögliche Ängste und Befürchtungen und bereiten Sie sich ebenfalls darauf vor.

UND hören Sie zu, viele Mitarbeiter, Teammitglieder sprechen ihre Bedenken, ihre Ängste an, manchmal, oder in der Regel, nicht so offen, also üben Sie sich in Empathie und lesen Sie zwischen den Zeilen!

3.5 Projektziel klar und deutlich formulieren!

Jede Bergtour ist zum Scheitern verurteilt, wenn Sie sich nicht ein Ziel, eine entsprechende Bergtour, festlegen, und genauso ist es mit dem Projektziel. Das Projektziel muss klar und deutlich festgelegt werden, um den Projekterfolg auch MESSEN zu können. Ein Ziel kann sein, eine Route festzulegen oder aber auch, den Gipfel erreicht zu haben. Die

SMART-Methode kann Ihnen hierzu ebenfalls eine Unterstützung sein, die Sie im Buch TMO Basis wiederfinden.

Projektziel in 5 Schritten bestimmen

1. Schritt – Beschreiben Sie den Gegenstand des Zieles, was neu erschaffen oder geändert werden soll, z. B. Implementierung eines neuen ERP-Systems.
2. Schritt – Soll-Zustand beschreiben – formulieren Sie den zu erreichenden Zustand, was sind Ihre Erwartungen?
3. Schritt – Beschreiben Sie den Zustand in messbare Kriterien. Der Erfolg kann nur gemessen werden, wenn definiert wird, wie der Erfolg aussieht, ebenso sollten Sie Teil-Erfolge miteinbauen. Für ein ERP-Projekt könnte dies z. B. die Auswahl des Systems oder des ERP-Partners sein.
4. Schritt – Jedes Ziel benötigt einen Termin, in der IT-Welt ist es z. B. der GoLive. Ohne einen gewissen Termindruck wird so manches Ziel nicht mit der entsprechenden Ernsthaftigkeit umgesetzt. Planen Sie ebenfalls terminliche Teiletappen.
5. Schritt – Verwenden Sie für die Zielformulierung und auch im Projekt eine klare Sprache ohne Weichmacher, dadurch wird die Ernsthaftigkeit und auch die Notwendigkeit des Zieles wie auch der Teilziele untermauert. Eine klare Sprache ist nicht unhöflich. Ein kleiner Exkurs in die Bergwelt: Wenn Sie bei einer Bergtour abrutschen und Hilfe benötigen, werden Sie ebenfalls klare Worte finden und nicht „Könnte mir bitte jemand helfen", sondern Sie werden aufschreien und ein klares „Hilfe" von sich geben!

3.6 Projektauftrag | In Scope – KERN-Punkte

Kennt jeder den Projektauftrag und auch den eigenen Auftrag, die Aufgabe, die Rolle im Projekt?!

Der Projektauftrag, Business Case, ist Grundlage und rechtfertigt die entsprechende Investition. Dieser Business Case ist Basis für den Lenkungsausschuss, das Steering Committee, und liefert die wichtigsten Informationen, um über den Projektverlauf zu entscheiden – sprich, Projektabbruch, Abschluss, Fortführung, und vieles mehr.

Für ein erfolgreiches Projekt muss der Projektauftrag präzise formuliert sein, Ausgangsbasis ist das formulierte Ziel im Auftrag, des Weiteren ist die Motivation für das Projekt zu erfassen. Die Rahmenbedingungen, Rollen und Aufgaben und vor allem die Anforderungen, damit Sie im Laufe des Projektes nicht ständig hören, „Das ist out of scope"!

Der Projektauftrag hat ebenso eine Signalwirkung, denn das „Leuchtturmprojekt" nimmt damit Fahrt auf.

Projektauftrag definieren
1. Zieldefinition – Name des Projektes – siehe auch vorheriges Kapitel
2. Welche Motivation steckt dahinter? – z. B. Skalierung, Prozessoptimierung etc.
3. Status – beschreiben Sie den vorgefundenen Zustand, aktuelle Rahmenbedingungen, Systeme, Prozesslandschaften, Unternehmensstrukturen u. v. m.
4. Bestimmen Sie den Umfang des Projektes, definieren Sie, was und wen Sie benötigen, um das Ziel und den Projektauftrag erfolgreich umsetzen zu können.
5. Welche Randbedingungen, Hürden etc. liegen vor, beispielsweise stehen genügend Mitarbeiter für das jeweilige Projekt zur Verfügung, verfügen diese Mitarbeiter über die entsprechenden Kompetenzen oder bedarf es Re- und UpSkilling-Maßnahmen? u. v. m.

Der Projektauftrag und das Projektziel sind die Basis für die entsprechende weitere Projektplanung – sie stellen das Fundament dar. Erst wenn wir also die Anforderungen kennen und die entsprechenden Vorgaben vorliegen, ist eine realistische Planung möglich. Die Planung beginnt mit Anforderungen, die das Produkt und das Projekt definieren und die Anforderungen sind ebenso ausschlaggebend, z. B. für welches Produkt, System Sie sich entscheiden. Analyse, Prozessaufnahme und Anforderungsaufnahme sind einer der Erfolgsfaktoren – es geht hier nicht um Wünsch-Dir-Was, sondern um Projekt-Ziel-Auftrags-Definition und dies innerhalb eines Unternehmensprojekt auf Ebene der Fachbereiche – darauf gehe ich in Kap. 6 genauer ein.

3.7   In Time – Budget – Quality|Magisches Drei-Eck

Jedes Projekt kennt die drei Herausforderungen – Umsetzung in Time, Budget und Quality, sie sind die Leitsterne eines gut durchdachten Projektes, die innerhalb der geplanten Zeit mit den entsprechenden kalkulierten Kosten und dem Qualitätsanspruch die Ergebnisse sicherstellen.

Sicherlich ist dies kein leichtes Unterfangen, aber wie immer gilt, kennen Sie Ihr Ziel, Ihre Anforderungen, dann kennen und können Sie Ihr Budget gut bestimmen und die Qualität basiert auf den erwähnten Rahmen- und Randbedingungen!

Das magische Dreieck sorgt im Projektmanagement für eine gute Übersichtlichkeit und gewährleistet eine vorausschauende Planung und Risiken können frühzeitig erkannt werden. Es vermittelt gleichfalls, dass die Faktoren Zeit, Aufwand, Leistung in Abhängigkeit zueinanderstehen und sich dadurch Änderungen ergeben. Wird einer dieser Faktoren verändert, müssen die beiden weiteren Faktoren ebenfalls geändert werden – wie ein Zahnrad – ein Faktor greift in den anderen und die gewünschte Qualität lässt sich nur durch die Veränderung der weiteren Faktoren aufrechterhalten.

Das magische Dreieck
1. **Faktor Zeit** bezieht sich im Projekt auf die Projektlaufzeit – Start und Ende, GoLive-Termine und ähnliche Termine, die im Zusammenhang mit dem Projekt stehen. Die Projektleitung definiert innerhalb der Projektplanung, des Vorprojektes, wie viel Zeit für die jeweilige Aufgabe, Task, Meilenstein benötigt wird. Aus der Summe der einzelnen Zeitvolumen ergibt sich das zeitliche Gesamtvolumen, das dadurch geschätzt werden kann. Der Faktor Zeit kann beeinflusst werden, z. B. wenn die Leistung reduziert wird oder die Kosten erhöht werden. Nehmen die Leistungen zu oder sollen die Kosten verringert werden, benötigt das Projekt automatisch mehr Zeit. Möchte man ausschließlich den Zeitfaktor verändern/verkürzen und die beiden weiteren Faktoren nicht anpassen, leidet die Qualität.

2. **Faktor Kosten/Budget** das Budget wird bei Projektstart definiert. Ziel ist es, das Budget nicht zu überschreiten – hier möchte ich anmerken, dass es zu empfehlen ist, ein realistisches Budget anzusetzen, ebenso empfiehlt es sich, Vergleichsprojekte – wenn vorhanden – heranzuziehen. Werden z. B. mehr Mitarbeiter, Ressourcen für die Umsetzung des Projektes benötigt, erhöhen sich dadurch die Kosten, oder es wird festgestellt, dass bestimmte Bereiche/Leistungen im Unternehmen nicht abgedeckt sind, nicht abgedeckt werden können, sodass hier auf externe Dienstleister hinzugegriffen werden muss, was natürlich das Budget wiederum erhöht. Werden die Kosten grundsätzlich reduziert, verlängert sich in der Regel die Projektdauer. Wird im Gegenzug die Leistung reduziert, verringern sich dadurch das Budget und die Zeitschiene.

3. **Der Faktor Leistung** definiert sich aus dem Projektauftrag und wird von den Entscheidern, Stakeholdern festgelegt. Den Entscheidern wird in der Regel eine Entscheidungsvorlage präsentiert, diese definiert wiederum das jeweilige Ziel und daraus lassen sich dann die entsprechenden Aufgaben ableiten. Das Ziel und die erhaltenen Aufgaben machen es dann möglich, den Projektumfang zu bestimmen. Das Projektvolumen ist der entscheidendste Faktor innerhalb eines Projektes, der direkte Auswirkung auf Zeit und Kosten darstellt. Benötigt z. B. eine Änderung mehr zeitlichen Aufwand, weil sich Fehlerquellen auftun, steigen in der Regel die Kosten wie auch das Zeitvolumen.

Wichtig für die Realisierung der Projekte ist es, die Wünsche der einzelnen Stakeholder im Auge zu behalten und zu managen. Es bedeutet ein Ausloten, denn jede zusätzliche Aufgabe oder Anforderung, jeder neue Wunsch bedeutet in der Regel mehr Kosten und Zeitverschiebung.

Das magische Dreieck kann in unterschiedlichen Bereichen angewendet werden, hauptsächliches Anwendungsfeld ist in der Planung und Steuerung von Projekten. Weitere Bereiche sind z. B. das Controlling, Risikomanagement und Changemanagement, die ebenso Profiteure des magischen Dreiecks sind.

Das magische Dreieck und Zielkonflikte

Befindet sich das Projekt in Time, Budget und Quality, ist die Zufriedenheit der Stakeholder gewährleistet und dem Projekterfolg steht nichts im Wege. Dieser Erfolg ist jedoch nur dann möglich, wenn alle drei Faktoren wie ein Zahnrad ineinandergreifen. Sobald sich ein Faktor verschiebt, entsteht ein Zielkonflikt. Eine gewisse Vorsicht ist somit die Mutter der Porzellankiste, will heißen, bauen Sie in allen Bereichen einen gewissen Puffer ein!

Agiles magisches Dreieck – the modern art of way!

In der modernen agilen Welt dreht sich das Rad ein wenig anders. Es werden Fragen nach dem Risiko, dem Nutzen, der Nachhaltigkeit und weiteren optionalen Faktoren zur Projektbewertung und -teuerung hinzugezogen – diese Faktoren können je nach Projekt und Unternehmen variieren und individuell angepasst werden.

3.8   Leuchtturmprojekt finden und beschließen

Warum ein Leuchtturmprojekt finden und beschließen? Wir sprechen von Transformation und mit dem TMO – Transformation-Management-Office –, das eine neue tragende Rolle im Unternehmen einnimmt und das Unternehmen in Richtung Zukunft führt, sollte auch mit dem ersten Projekt eine tragende und leuchtende Funktion einhergehen.

Definition eines Leuchtturmprojektes

Das TMO steht für Transformation – aus meiner Erfahrung kann wirkliche Transformation nur in der Umsetzung stattfinden und gelingen. Wandel bedeutet nicht nur Veränderung, nein, sie geht viel tiefer – Transformation heißt, eine veränderte Wahrnehmung und Einstellung – Mindset-Shift sozusagen.

Finden eines Leuchtturmprojektes

Elementar ist es, das richtige Projekt für den entsprechenden Transformationsprozess auszuwählen. Bereits in der Umsetzung innerhalb der Projektanalyse-Phase wird man mit neuen Arbeitsweisen konfrontiert und im Hinblick auf die bisherigen Unternehmensstrukturen wird ebenfalls einiges auf den Kopf gestellt – aber sich den Herausforderungen und Widerständen jeglicher Form zu stellen, wird sich immer lohnen.

Je nach Unternehmensform ergeben sich unterschiedliche Herausforderungen, ein Start-up-Unternehmen wird seine Challenge mehr im Bereich Struktur vorfinden, ein etabliertes, alteingesessenes Unternehmen wird mit modernen, agilen Arbeitsweisen an seine Grenzen kommen und zu kämpfen haben.

Wahl des Leuchtturmprojektes

Wer die Qual hat, hat die Wahl! Das Leuchtturmprojekt richtet sich nach Ihrem Ziel – viele Unternehmen sind aufgrund der Digitalisierung gefordert, Prozesse zu digitalisieren und zu optimieren. Hierfür eignet sich eine ERP-Implementierung vorzüglich.

In einem ERP-Projekt werden Prozesse digitalisiert und optimiert, die Umsetzung der Prozesse findet im End2End-Ansatz statt und damit dies alles gelingt, ist ein kollaboratives Arbeiten über die jeweiligen Fachbereiche zwingend erforderlich. Entsprechende Strukturen sind zu schaffen und den Kundennutzen des Unternehmens im Auge zu behalten. Dies alles steht auf dem ERP-Plan, es wird schonungslos beleuchtet und aufgedeckt. Wo bisher Excel-Sheets ihren Dienst erwiesen haben, gibt es nun die eine oder andere ERP-App.

Fakten-Check für die Wahl

- Hoher Business-Value – größtmöglicher Nutzen für das Unternehmen und die entsprechenden Projektbeteiligten wie z. B. auch für die Mitarbeiter
- End2End-Gedanke um möglichst viele Fachbereiche – Unternehmensbereiche zu involvieren, damit die bisherige Silo-Denke keine Chance hat
- Verbindliches Budget und Timeline – wie auch offene und transparente Kommunikation zeigen die Bereitschaft und Dringlichkeit auf.

3.9   Risikomanagement | Nix ist fix!

No Risk, no Fun sollte weder für das Leuchtturmprojekt noch für ein ERP-Projekt gelten. Zu viel „steht auf dem Spiel". Dennoch wird das Risikomanagement bei den meisten Projekten nur stiefmütterlich beachtet und betrachtet. Die Denke ist, „Das machen wir schon während des Projektes; Probleme, die auftauchen, lösen wir dann, wenn diese entstehen" – ein fataler Fehler. Denn bereits im Vorfeld können Hürden vermieden werden. Oft ist der Gedanke anzutreffen, eine Voranalyse oder ein Risikomanagement – das kostet ZU VIEL – im Verlauf des Projektes, spätestens, wenn das festgelegte Budget überschritten wird, denkt man anders. Deshalb sollte der Ansatz sein – mit Weitblick agieren, frühzeitig Abhängigkeiten erkennen, ganz nach dem Motto „Gefahr erkannt, Gefahr gebannt"!

Risikomanagement – Nix is fix!

Ein Projekt ohne Risiko wäre schön, gibt es jedoch nicht, selbst wenn intern keine Risiken vorhanden wären – was ebenfalls nicht realistisch ist – dann entstehen Risiken im Außen. Wir leben in Zeiten von VUCA, einer Welt, die von Veränderung, Unbeständigkeit, Unsicherheit und Komplexität gezeichnet ist. Die Aufgabe des Risikomanagement ist es, mit der Variable „Nix ist fix" zu planen und Plan B und C in der Tasche zu haben und Risiken zu bewerten und mit diesen entsprechend das Projekt voranzutreiben und die Hindernisse zu lösen.

Risikoidentifizierung, Risikobeurteilung und Risikobewältigung sind die Schlagwörter und diese Herausforderungen werden Sie in jeder Projektphase mehr oder weniger vorfinden. Wichtig ist es somit, das Ziel und die Risiken in den genauen Blick zu nehmen und etwaige Schäden abzuwenden oder zu minimieren.

Elementar ist es, Risiken nicht zu verdrängen, oft ist man geneigt, aufgrund gewünschter Harmonie im Projekt, wichtige Risikofaktoren nicht anzusprechen. Sicherlich ist hier ein empathischer Kommunikationsstil von Vorteil, der es einfacher macht, offen mit Risiken umzugehen und diese auch anzusprechen.

Risiken stellen Herausforderungen dar, grundsätzlich werden Risiken als negativ bewertet, aber wenn wir den Blickwinkel verändern, kann so manches Risiko eine Chance bieten.

Risikomanagement – Prozess-Stufen

- Risiken identifizieren mitagilen und kreativen Methoden, beispielsweise Walt-Disney-Methode
- Analyse und Evaluierung der Risiken – Ursachenanalyse und Prüfung des Risikos hinsichtlich der Eintrittswahrscheinlichkeit und entsprechendem Schaden
- Maßnahmenplan zur Risikobewältigung – Strategie zur Risikobewältigung entwickeln. Hierfür sollte ein Risikobudget eingeplant werden, denn die Maßnahmen kosten in der Regel Geld und Zeit, um den entsprechenden Schaden zu vermeiden.

Risikofaktoren

- Ängste – im Veränderungsprozess entstehen Ängste, diese wollen und sollen gemildert werden bzw. bedarf es hier Lösungen. Entwickeln Sie bereits im Vorfeld Maßnahmen, was Sie bereits im Voraus planen können, können Sie auch budgetieren!
- Externe Kooperationspartner – wie gut kennen Sie diese, wie viele Referenzen und Stimmen haben Sie sich eingeholt?
- Wie sehen Ihre internen Rahmenbedingungen aus, um das entsprechende Projekt zu implementieren? – Sorgen Sie für eine realistische und angemessene Zeit der Analyse.
- Ressourcen ist und bleibt einer der wichtigsten Punkte – wie sind Sie hierbei aufgestellt?
- Stille Post vermeiden, die möglicherweise für Unruhe sorgt – also setzen Sie auf transparente und offene Kommunikation.

Erstellen Sie am besten eine **Risikomatrix** z. B. für technische Risiken, Ressourcenrisiken, Qualitätsrisiken, rechtliche und vertragliche Risiken, Abhängigkeitsrisiken, zeitliche Risiken, und bewerten Sie diese gemeinsam

– unterschiedliche Sichtweisen sind auch in der Risikobewertung von Vorteil!

Ebenfalls können Sie innerhalb der Risikomatrix bereits eine entsprechende Maßnahme, einen Lösungsvorschlag für das Risiko benennen – sofern dieses später eintritt, sind Sie dann schneller, es zu lösen. Das Risiko schnell mit klarem Kopf zu lösen, zahlt wiederum auf ein erfolgreiches Projekt ein.

Risikofaktor Mensch und Kommunikation
Maschinen und System weisen Defekte auf und fließen somit in die Risikobetrachtung mit ein. Aber auch der Mensch, in seiner ganzen Pracht, ist nicht frei von Risiken – es gilt, krankheitsbedingte Ausfälle zu berücksichtigen oder aufgrund des Fachkräftemangels sind notwendige Ressourcen für das Projekt (noch) nicht vorhanden. Aber der Risikofaktor Mensch lässt sich noch erweitern und darf nicht unter den Bürotisch fallen – nur weil es eventuell ein unangenehmes Terrain ist.

Vor jedem Steering Committee-Termin stellt man sich die Frage bei der Erstellung des Projektstatusberichts, wie viel „rote" Ampel-Funktionen darf und möchte man zeigen? Also: Wie offen lassen sich Projektrisiken kommunizieren?

Risikomanagement sichert den Projekterfolg, aber wie viel Offenheit ist zuträglich und wie viel ist des Guten zu viel? Verdeckte Interessen, was sind die Konsequenzen bei einer zu offenen Selbstoffenbarung, viele unterschiedliche Hemmschwellen gilt es zu reflektieren.

Betrachten wir die Risiken aus der agilen Welt, hier steht der Outcome und ein schnelles Agieren und Umsetzen im Vordergrund. Ebenso eine offene und auf Augenhöhe gesteuerte Kommunikation. Alle Risiken, die als Show-Stopper zu identifizieren sind, sind und müssen auf Entscheider-Ebene platziert werden. Risiken, die noch gut zu händeln sind, sollten und könnten im kleinen Kreis gelöst werden, um möglichen Gesichtsverlust zu verhindern. Wenn jedoch der Projekterfolg als gemeinsames Ziel definiert ist, sollte dieses Standing der offenen Risiko-Kommunikation möglich sein. Ich selbst stehe für eine offene und transparente Kommunikation. Diese Art der Offenheit erspart Zeit, denn Risiken, die im Nachgang behoben werden müssen, erzeugen in der Regel mehr Aufwand, als wenn frühzeitig agiert worden wäre.

Sicherlich ist ein entscheidender Punkt, wie die Kommunikation grundsätzlich in einem Unternehmen gehandhabt wird. Eine offene Kommunikation untermauert ein pragmatisches und effizientes Risikomanagement.

> Expertentipp Wenn Sie hinsichtlich der Risikokommunikation bislang noch etwas verhaltener agieren und das ändern möchten, nehmen Sie es doch in Ihr Change-/Transformationskonzept für das TMO bzw. das jeweilige Projekt mit auf. Belassen Sie es jedoch nicht nur auf dem Papier, sondern nehmen Sie es am besten in den Statusbericht fix mit auf!

Risikogewichtung und Risikostatus
Jedem einzelnen Risiko ist innerhalb der Risikomatrix eine entsprechende Gewichtung zuzuordnen, um eine Risikokontrolle vornehmen zu können.

Im Rahmen der Risikokontrolle, anhand der z. B. erstellten Risikomatrix, wird der Risikostatus überprüft. Hier können Grenzwerte als Frühwarnsystem, ähnlich der Ampelfunktion beim Statusbericht, definiert werden.

> Hinweis Weitere Impulse zum Thema Risiko finden Sie im TMO Basis Buch, Abschn. 2.8.

3.10 Project-Canvas|Alles auf einem Blick!

Alles auf einem Blick zu haben, erleichtert das Projektleben ungemein. Es empfiehlt sich, auf ein Project Canvas zu setzen. Zum jeweiligen Canvas folgen weitere Inhalte in den entsprechenden Zusatzunterlagen wie z. B. die im vorherigen Kapitel genannte Risikomatrix.

Projectcanvas im Einzelnen – kurz und bündig

- **Projekt**: Name des Projektes
- **System:** z. B. ERP-System

- **Ziel – Nutzen:** definieren Sie in Schlagworten den entsprechenden Business Case
- **Systempartner:** Name und Ansprechpartner/Projektleiter
- **Budget:** splitten Sie hier das Budget auf
- **Liefergegenstände:** kurz und knapp, was zu liefern ist
- **Team:** wer ist alles im Projekt involviert
- **Risiken:** kurz und knapp und mit Verweis z. B. auf Risikomatrix
- **Ressourcen:** was wird alles benötigt
- **Qualitätskriterien:** was sind die Abnahmekriterien
- **Stakeholder:** wer sind die Interessenten innerhalb des Projektes

Das Project Canvas zeigt Ihnen auf einer Seite die wichtigsten Informationen für das entsprechende Projekt – kurz und knapp. Welches System, Budget, was ist zu liefern, welche Projekt-/Team-Mitglieder gibt es, ebenso welche Risiken, Ressourcen, Qualitätskriterien und Stakeholder werden/sind definiert. Alle Informationen auf hoher Flugebene, um einen schnellen ersten Eindruck zu gewinnen (siehe Abb. 3.1).

Projekt		System	
Ziel -Nutzen	ERP-Implementierung – Einheitliches System – Wertschöpfungskette in einem System abbilden - Prozesse digitalisieren und vereinheitlichen Effektivität, Effizienz-Steigerung, Skalierungsmöglichkeiten weiter ausbauen		
ERP/IT-Systempartner	**Budget**	**Scope | Lieferobjekte**	**Team| Beteiligte**
Text Text	Text Text	Text Text	Text Text
Risiken	**Ressourcen**	**Qualitätskriterien**	**Stakeholder**
Zeit | Timeline			

Abb. 3.1 Projektcanvas © Sylvia Kern 2024. All Rights Reserved

4

Transformations-/Change-Konzept

Zusammenfassung Viele Unternehmen und Organisationen unterschätzen die agile und digitale Transformation. Erst, wenn das jeweilige Projekt bereits operative Schritte aufweist und es ruckelt, merken viele Beteiligte, dass es Zeit ist, noch etwas zu tun. Dennoch wird häufig nur versucht, an den Stellen, die sich gerade in der Schieflage befinden, eine Verbesserung zu suchen. Dies ist jedoch leider für ein erfolgreiches Projekt wenig hilfreich, es ist, wie wenn eine Wunde provisorisch verarztet wird, sie wird immer nässen. Sich zu Beginn der Veränderung mit einem dem Unternehmen entsprechenden Change- bzw. Transformationskonzept zu beschäftigen ist wie eine Leitplanke, die einen Rahmen, ein Gerüst und somit auch Sicherheit bietet. Jedes Unternehmen befindet sich beispielsweise in Sachen Agilitätsgrad auf einem anderen Level, sprich, nicht jede Herausforderung eines Changes trifft jedes Unternehmen gleich.

Warum und wofür ein Change-/Transformationskonzept und wieso nicht einfach losmarschieren?! Wie bei jeder Bergtour überlegen Sie am Anfang, welche Tour Sie machen möchten und packen dann den Ruck-

© Der/die Autor(en), exklusiv lizenziert an Springer-Verlag GmbH, DE, ein Teil von
Springer Nature 2024
S. Kern, *Das Transformation-Management-Office – Deep Dive*,
https://doi.org/10.1007/978-3-662-69335-3_4

sack. Eine Tagestour benötigt ein anderes Equipment als eine Alpenüberquerung.

Ein Change-Konzept bietet Ihnen die Möglichkeit, sich mit Ihrer Herausforderung zu beschäftigen und gleichzeitig Lösungsansätze und Strategien zu entwickeln, wie mit Hürden, Herausforderungen und Ähnlichem während der Veränderung, dem Wandel umgegangen werden möchte.

Durch ein Konzept schaffen Sie Klarheit und es verhindert unnötige Konflikte während der Reise. Konfliktsituationen wird es geben, Konflikte bieten auch Chancen, aber diese Hürden können nur in Maßen genommen werden, zu viel von allem lässt die Mitarbeiter eines Unternehmens in die Demotivation oder gar Überforderung schlittern. Ein Konzept bietet Sicherheit, wenn im Change alles aufgewirbelt wird, ist diese Sicherheit eine Stütze.

Das erstellte Konzept, der Plan, muss natürlich umgesetzt werden, und dafür benötigt es die entsprechenden Personen– sprich, das Change-Management ist ein Teil des TMO – Transformation-Management-Offices.

Die Personen, die das Change-Management verantworten, müssen sich jedoch darüber im Klaren sein, dass Transformation über das übliche Change-Management hinausgeht – denn Transformation bedeutet ein verändertes Bewusstsein. Dies ist nochmal ein OnTop gewissermaßen, der auf den Change-Prozess hinzukommen wird. Transformation benötigt dadurch noch weitere Skills, die in diesem Buch wie auch im ersten Teil der „TMO Basis" beschrieben werden, grundsätzlich geht es um mehr „verstehen" vom großen Ganzen.

Change-Konzept | Steps
1. Step – Change-Vision definieren
2. Step – Change-Strategie entwickeln
3. Step – Change-Umsetzung

4.1   Change-Management

Ob ein neues ERP-System, ein Ticket-Tool oder neue Unternehmensziele angestrebt werden, all diese Veränderungen benötigen ein Integrieren in den bisherigen Arbeitsalltag. Veränderungen sind jedoch keine Lichtschalter, die an- und ausgeschaltet werden können – Veränderung ist ein Prozess und hierbei benötigt es das Change-Management, das alle Maßnahmen umfasst, die zur Umsetzung der Neuerungen, Strategien etc. nötig sind.

Mithilfe von Methoden und Konzepten ist es das Ziel, die Umsetzung der angestrebten Vorhaben zu gewährleisten. Hierzu zählen **Verhaltensweisen, Strukturen und Strategien.**

Hürden bei Veränderungen

- Ängste – wie Angst zu versagen; Angst vor dem Unbekannten; Furcht, inkompetent zu sein
- Angst, die Komfortzone zu verlassen, denn der Ist-Zustand ist doch recht komfortabel
- Wunsch nach Sicherheit, Routine und Verlässlichkeit – Sicherheit ist ein Grundbedürfnis des Menschen und die „Abenteuerlust" ist somit unterschiedlich ausgeprägt
- Mangelndes Durchhaltevermögen – Frustrationstoleranz
- Überforderung durch das Neue
- Fehlende Sinnvermittlung – START with the WHY oder dem WOFÜR!

Widerstände und Gründe für das Scheitern innerhalb des Unternehmens

- Erhöhte Krankenstände und andere Abwesenheitsgründe
- Getroffene Entscheidungen werden mehrfach und wiederholt hinterfragt
- Lösungen werden bis ins kleinste Detail zerredet
- Delegierte Aufgaben werden zurückdelegiert

Die Liste der Gründe, Widerstände und Ängste könnten hier noch unendlich fortgesetzt werden, also wie dem allen begegnen?

> Change-Management bedeutet vor allem **Menschenkenntnis** und **Kommunikation**, diese **Faktoren sind der Schlüssel zum Erfolg!**

4.2   Storytelling | Warum eine gute Change-Story so wichtig ist!

Veränderung gelingt dem Menschen nur bei zwei **zentralen Faktoren, bei Einsicht oder Schmerz/Leid.** Im Falle eines Change- und Transformationsprojektes in einem Unternehmen ist natürlich die Einsicht der bessere Faktor.

Wie kann also Einsicht am besten vermittelt werden? Durch eine gute Story! Jedes Produkt wird mittels einer Story verkauft, es zielt auf Emotionen ab – **Emotio schlägt Ratio** ist bestens bekannt!

Projektsteuerung durch Storytelling
Geschichten sind spannend, begeistern und reißen mit – also genau das richtige Steuerungsinstrument für Projekte und Change-/Transformationsvorhaben jeglicher Art. Wem hören wir lieber zu: jemandem, der die oftmals trockenen Fakten „vorträgt", oder jemanden, der mit Beispielen, Geschichten und Erzählungen arbeitet? Warum gibt es z. B. Lego Serious Play als Moderationsmittel und fürs Prototyping? – Weil es Spaß macht. (siehe Abb. 4.1).

Wie funktionierts? | Aufbau
Ähnlich wie bei einer Rede, Keynote oder einem Vortrag – auch dort wollen Sie Informationen, Inspirationen und Begeisterung vermitteln.

Eine gute Geschichte verfügt über einen Spannungsbogen innerhalb der Handlung, dieser Aufbau folgt immer den gleichen Prinzipien:

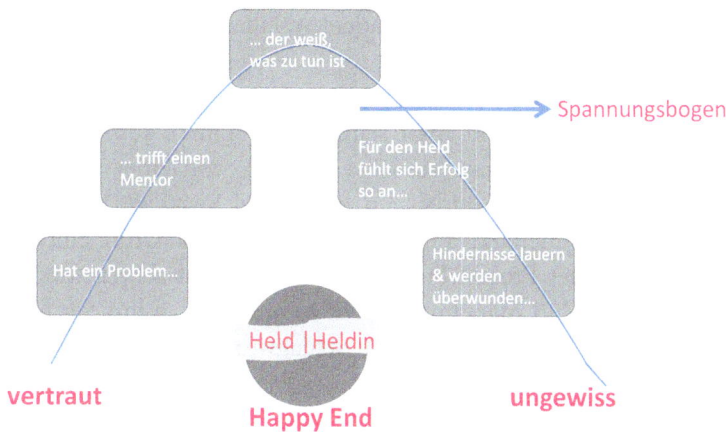

Abb. 4.1 Storytelling © Sylvia Kern 2024. All Rights Reserved

- Problem – Auftrag – Ziel | Was ist der Auslöser?
- Wer sind die Helden? Projektleiter, Projektteams und Projektbeteiligte, haben gute Ideen.
- Wer sind die Helfer? Experten und die „gute Fee".
- Wo lauern Gefahren? Her mit dem Abenteuer und den Hindernissen!
- Wie ging/geht es aus? Happy End, GoLive, Projektziel!

Tipps

- **Kernbotschaft**
  Überlegen Sie, was Sie vermitteln wollen – welche Veränderungen, Taten etc. sollen und wollen Sie mit Ihrer Story erreichen? Möchten Sie z. B. Ihre Mitarbeiter zu mehr Verantwortung motivieren, überlegen Sie doch, was aus Ihrer eigenen Vita Sie als Story erzählen können.
- **Zuhörer und Zielgruppe**
  Wer hört Ihnen zu? – Das ist ein elementarer Gesichtspunkt, denn der Nutzen, die Aussage bei einem Steering Committee und die

Wortwahl und Story wird hier anders ausfallen, als wenn Sie zu Ihren Mitarbeitern sprechen.

- **Geschichte und Timeline**
  Ich selbst mag es, wenn man schnell zum Punkt kommt, auch in Keynotes und Vorträgen. Vorträge und Co. von einer Stunde sind mir in der Regel ein Gräuel, ein kurze und knackige Keynote, die mich zum Nachdenken anregt, ist mir persönlich um einiges lieber. Auch bei der Projekt-Story sollten Sie darauf achten, dass diese begeistern soll und manchmal reicht es auch aus, wenn Sie für Ihre Story eine Headline haben, einige Schlagwörter, die Sie bei weiterer Präsentationen oder Ähnlichem immer wieder einfließen lassen können.
  Nach dem Motto: Steter Tropfen holt den Stein!
- **Beispiele – Präsentation**
  Verwenden Sie am besten Themen, Bereiche, mit denen sich Ihre Zuhörer identifizieren können und denen Sie diese Themen authentisch vermitteln können.

4.3 Change-Methoden | ADKAR und Co.

Wer in der VUCA-Welt erfolgreich Change- und Transformationsprozesse gestalten möchte, benötigt einen Methoden-Koffer, denn Anpassungsfähigkeit ist ein Future Skill in der agilen Welt von heute und morgen.

Es gibt nicht das eine Modell, die eine Methode, oft ist auch ein Mix an Methoden sinnvoll, wie immer kommt es auf die Situation, die Anforderungen und Herausforderungen an und darauf, welcher Agilitätsgrad in einem Unternehmen vorhanden ist.

Bereits Charles Darwin stellte fest, dass diejenigen überleben, die sich an gewisse Umstände am schnellsten anpassen. Das Prinzip lautet „Survival of the Fittest".

Change-Methoden – Auszug

- Kotter | 8-Phasen-Modell
- Lewins | 3-Phasen-Mode
- OKR (siehe Abschn. 7.2)
- ADAKAR

Kotter 8-Phasen-Modell | Kurz-Erläuterung

John P. Kotter, Führungsmanagement-Experte und Autor von „Das Pinguin-Prinzip" (2017), entwickelte das 8-Phasen-Modell für Veränderungen. Die Annahme ist, nur beim Durchlaufen aller Phasen ist ein Veränderungsprozess erfolgreich umgesetzt.

1. Phase – Notwendigkeit aufzeigen|Beteiligte überzeugen
2. Phase – Führungskoalition aufbauen|wichtig für die Zusammenstellung sind Expertise und Diversität = unterschiedliche Sichtweisen
3. Phase – Vision|formulieren Sie die entsprechende Vision inkl. der jeweiligen Strategie
4. Phase – Kommunikation der Vision|kommunizieren Sie Ihre Vision im Unternehmen (mittels Storytelling z. B.)
5. Phase – Hindernisse beseitigen|Ist-Analyse und Hindernisse beseitigen durch Anpassung von Strukturen, Arbeitsabläufen etc. – alles, was das Ziel behindert
6. Phase – Quick Wins planen| Zwischenziele, Meilensteine planen und sichtbar machen – denn Erfolge motivieren
7. Phase – Quick Wins-Motivationsschub|kurzfristige Erfolge als weitere Veränderungsantreiber nutzen.
8. Phase – Veränderung vs Transformation|Veränderungen in der gesamten Unternehmenskultur verankern – Adaption auf alle Strukturen, Prozesse, Tools etc.

ADKAR-Modell|Kurz-Erläuterung

Das ADKAR-Modell wurden von Prosci-Gründer Jeff Hiatt entwickelt. Das Modell umfasst fünf Bereiche, die durchlaufen werden müssen,

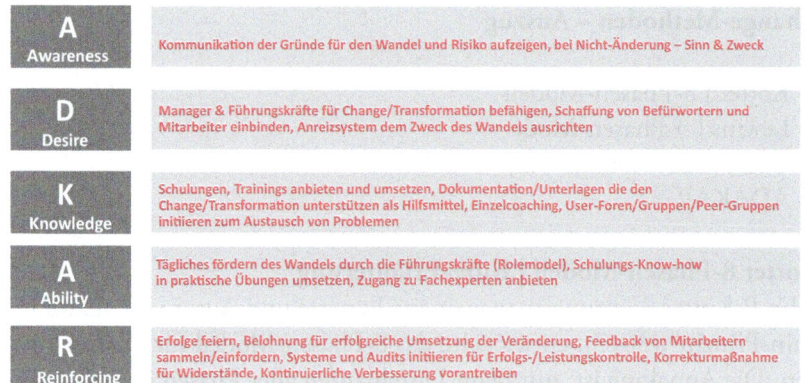

Abb. 4.2 ADKAR-Modell © Sylvia Kern 2024. All Rights Reserved

damit ein Change-Prozess erfolgreich umgesetzt werden kann, siehe Quelle Prozessraum, 14.09.2022. (siehe Abb. 4.2).

1. **A**wareness: Bewusstsein für die Notwendigkeit der Veränderung schaffen.
2. **D**esire: Der Wunsch, sich zu beteiligen und die Veränderung zu unterstützen.
3. **K**nowledge: Das Wissen, wie man sich und die Unternehmung verändert.
4. **A**bility: Die Fähigkeit, die (erlernten) Skills und Verhaltensweisen umzusetzen.
5. **R**einforcement: Die Verankerung und Verstärkung, um die Veränderung aufrecht zu erhalten.

4.4 Change-Deep-Dive | Change-Kurve/Stufen

Bei allen Change- und Transformationsmethoden ist eines wichtig: Der Change betrifft Menschen, die unterschiedlich ticken und sich im Prozess ebenfalls in unterschiedlichen „Phasen" befinden. Wenn sich jede Person dessen immer wieder bewusst wird, kann Verständnis entstehen und entsprechend reagiert und agiert werden. Während sich der Chef schon voller Enthusiasmus sich im Projekt befindet und gestaltet, ist der Mitarbeiter im sogenannten Tal der Tränen der Change-Kurve.

Warum ist es wichtig, sich über die Change-Kurve von Kübler-Ross oder dem Roller Coaster Modell nach Hurst/Shepard bewusst zu sein? Es benötigt Akzeptanz und Verständnis, dass sich die beteiligten Personen in einem Change-Prozess unterschiedlich schnell weiterentwickeln. Wie erwähnt, befindet sich der Geschäftsführer bereits auf einer anderen Station innerhalb der Change-Kurve als vielleicht einer der Mitarbeiter, dafür benötigt es Verständnis, um den jeweiligen Prozess positiv zu unterstützen.

Change-Kurve nach Kübler-Ross
Die Veränderungskurve nach Elisabeth Kübler-Ross schaut sich die emotionale Ebene genauer an. Kübler-Ross war Psychiaterin und Sterbeforscherin. Sie entwickelte ein 5-Phasen-Modell, welches die Situation sterbender Menschen beschreibt. Sie stellte fest, dass der Prozess grundsätzlich immer nach den gleichen Prinzipien abläuft.

Klingt im ersten Moment ein wenig verwirrend, was hat Change bitte schön mit dem Sterbeprozess zu tun? Sehr viel, denn egal, welche Veränderung im Leben eines Menschen geschieht, es bedeutet immer, etwas loszulassen, Abschied zu nehmen und das geht mit Trauer einher – wir sterben einen kleinen Tod, wie Johann Wolfgang v. Goethe es beschrieb, der „Stirb-und-werde-Prozess" – das Leben ist Wandel!

Wir alle wissen, Menschen lieben es komfortabel und lieben die Vorhersehbarkeit, die Gewohnheit, denn Veränderung ruft Angst und somit Widerstand hervor, da unangenehme Gefühle mit dem Ungewissen einhergehen.

Folglich weiß ein gutes Change-Management um diese emotionalen Reaktionen innerhalb eines Change-Prozesses und kann durch dieses Verständnis entsprechend reagieren und agieren, aber auch Gelassenheit ausstrahlen und dem Prozess vertrauen (Kübler-Ross (2014)) (siehe Abb. 4.3).

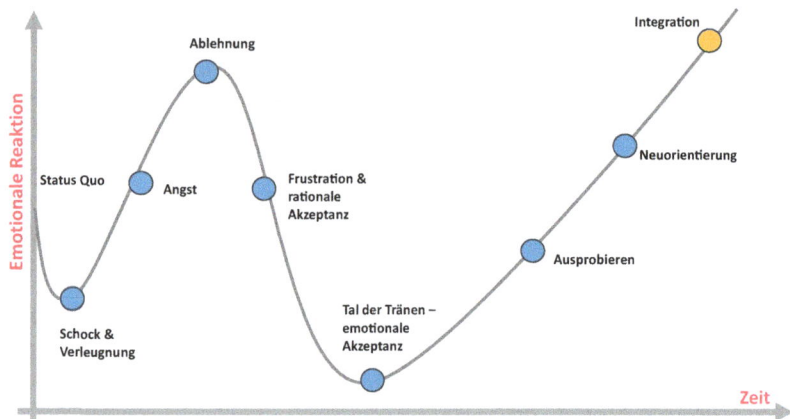

Abb. 4.3 Change-Kurve Kübler Ross © Sylvia Kern 2024. All Rights Reserved

4.5   Agile Führung | Modernes Leadership

Die moderne, komplexe Unternehmenswelt benötigt ein anderes Führungsverhalten. Das agile Leadership bildet den Rahmen für die erfolgreiche agile Zusammenarbeit auf Basis von flachen Hierarchien. Agile Führung orientiert sich an den agilen Grundsätzen: Flexibilität, Anpassungsfähigkeit und Kundenzentrierung.

Agile Führungskräfte teilen ihre Macht und befähigen ihre Mitarbeiter, eigenverantwortlich zu agieren, um das gemeinsame Ziel zu erreichen.

Die künftigen Leader sind diejenigen, die mit Empathie führen, die ihre Mitarbeiter und deren Potenzial zum Leuchten bringen, die sie fördern und fordern wollen. Future-Leader verfügen über die Fähigkeit, sich selbst zu reflektieren, und haben die Größe, Fehler zuzugeben und kleben nicht an ihrem Ego, sondern orientieren sich am Ziel des Unternehmens und an dessen Vision und Mission.

Agile Führung bedeutet, nach den agilen Methoden, Werten und Prinzipien zu führen. Aber wie gelingt es, Teams zu mehr Selbstverantwortung zu ermutigen? Welche Werte und Rahmenbedingungen werden benötigt, damit selbstorganisiertes Arbeiten möglich ist und dennoch die Leistungsfähigkeit aufrechterhalten bzw. sogar gesteigert wird?

Führungstyp		Werte	Stärken	Entwicklungshinweise
Der Konventionelle		Disziplin, Tradition, Moral, Regeln	zuverlässig, Stabilität, Verantwortlichkeit, Struktur, ordnungsliebend	Ziele klären und Erfolge messen, Vision und Orientierung geben
Der Performer		Wachstum, materialistisch, Erfolg, konsumorientiert, Image, Status	ehrgeizig, fleißig, optimistisch, überzeugend, motivierend	Wir-Kultur stärken, Kooperation statt Wettbewerb
Der Kooperative		Gefühle, Gleichheit, Authenzität, Gemeinschaft/Wir, Teilhabe, Verständnis	ausgleichend, empathisch, Tolerant, Respekt, gemeinschaftsstärkend, konsensfördernd	Interaktionen nicht persönlich nehmen, Ambiguitätstoleranz erweitern
Der Flexible		Entwicklung, multiperspektivisch, wissenshungrig, Selbstverwirklichung	Offenheit, Optimierung, vielseitige Kompetenzen, entwicklungsstark, verhaltensanpassend, Ambiguitätstolerant	Gemeinwohl im Blick haben, Natur und deren Systeme studieren
Der Holist		Achtsamkeit, Nachhaltigkeit, weltverbessernd, ganzheitliche Verbindungen, Wandel im Großen	Weisheit, Reflexivität, kreativ, Achtsamkeit, andersdenkend	Auf allen Leveln kommunizieren und auch mit konservativen und performativen Typen kollaborieren, sich erden und einfach Dinge des Alltags zelebrieren

Abb. 4.4 Agile Führung © Sylvia Kern 2024. All Rights Reserved

Im Grunde ist die Voraussetzung dafür, zu wissen, was gute und moderne Führung auszeichnet, des Weiteren, welche Werte im Unternehmen gelebt werden, ergo, welche Unternehmenskultur vorliegt und wohin die Reise gehen soll (siehe Abb. 4.4).

Was zeichnet somit gute, moderne Führung aus?

- Für Klarheit sorgen
- Rahmenbedingungen schaffen
- Leistungstypen berücksichtigen (rot, gelb, blau, grün)
- Vertrauen statt Kontrolle
- Regeln/Framework etablieren (Werte-Gerüst)
- Fehler als Weiterentwicklungstool sehen statt Fehlervermeidung
- Erfolgsmuster transformieren – stetige Weiterentwicklung – ganz nach Mark Twain: „Wer als Werkzeug nur einen Hammer hat, sieht in jedem Problem einen Nagel."

4.6 Companies-Values & Culture

Jede Organisation besitzt eine eigene Unternehmenskultur. Die wenigsten wissen jedoch, wie wichtig diese Kultur für den **langfristigen Erfolg des Unternehmens** ist. Eine positive Unternehmenskultur sorgt dafür, dass zum einen die Mitarbeiter zufrieden sind und sich wohlfühlen. Wer sich wohl fühlt, engagiert sich gerne und langfristig für das Unternehmen und das in Zeiten von Fachkräftemangel, das sollte somit auf der Unternehmensagenda als Ziel stehen.

Ein weiterer Aspekt, warum es wichtig ist, die Unternehmenswerte zu kennen bzw. deren Kultur, ist, gleich und gleich gesellt sich gern. Wer sich in Transformationsprozessen befindet, löst die Herausforderungen mit Kooperationspartnern und dergleichen. Liegen hier drastisch unterschiedliche Werte-Vorstellungen vor, wird es über kurz oder lang zu Konflikten kommen, die möglicherweise das Ergebnis beeinträchtigen. Bitte bedenken Sie dennoch: Ein guter Mix an Diversität fördert unterschiedliche Sichtweisen und dadurch die Innovation.

Unternehmenswerte und deren Funktion

* Werte bilden eine Handlungs- und Entscheidungsgrundlage
* Werte liefern die Identität eines Unternehmens
* Werte schaffen Loyalität und binden die richtigen Mitarbeiter an das Unternehmen
* Werte sind Leitplanken für Kooperationspartner und dergleichen

Das Erkennen und Verstehen der Unternehmenskultur ist ein zentraler Aspekt, damit überhaupt ein Wandel geschehen kann. Edgar Schein dient hier als Vorreiter hinsichtlich der Organisationskultur, der Ansatz bezieht sich auf drei Ebenen (Edgar H. Schein 2018) (siehe Abb. 4.5).

4.7 Change-Beteiligte | Die Qual der Wahl

Change, Transformation, Projekte sind Team-Arbeit und diese gelingt nur, wenn die „richtigen" Personen miteinander agieren. Das fängt beim Management an, zieht sich bis zu jedem einzelnen Mitarbeiter und geht über zu den externen Projektbeteiligten, Dienstleistern, Kunden, Freelancer und externen Beratern.

Demnach ist es von elementarer Bedeutung, die richtigen Partner und Projektbeteiligten für diese Reise zu gewinnen und zu involvieren. Wenn Sie sich auf eine Berg-Tour begeben, möchten und müssen Sie sich auf die Bergtour-Partner und den Tour-Guide verlassen und Vertrauen in diese Personen setzen können.

Grundannahmen	Werte und Normen	Artefakte
Unsichtbar, unbewusst	Teilweise sichtbar, teilweise unbewusst	sichtbar, interpretationsbedürftig
Grundorientierung/Fundament des Unternehmens Unbewusste Einstellungen Erlernte Grundnormen werden normalerweise nicht hinterfragt, sondern als üblich empfunden	Standards, Gebote die sich aus den Grundannahmen ableiten, ungeschriebene Regeln und Verhaltensstandards, werden von allen Beteiligten akzeptiert und geteilt	Symbole an denen sich das Zugrunde gelegte orientiert wird, machen die beiden darunterliegenden Ebenen sichtbar
Beispiel: Grundsätzliche Einstellung zu Dingen wie Wahrheit, Zeit etc.	Beispiel: respektvoller Umgang miteinander, Kommunikationsstrategie, Toleranz	Beispiel: Bekleidung/Dress-Code, Umgangston, Rituale, Geschichten, Unternehmensstruktur

Abb. 4.5 Edgar Schein Modell © Sylvia Kern 2024. All Rights Reserved

Und wie gelingt Ihnen das? Wenn die Unternehmenswerte und somit die „Einstellung" sich widerspiegeln, also die Projektbeteiligten ein ähnliches Wertesystem = Einstellung aufweisen.

Werte und weitere Selektionskriterien | Tipps und Fragestellungen

- Erstellen Sie Ihre Unternehmenswerte – z. B. wie vorab im Change-Konzept, oder erstellen Sie sogar ein eigens **Werte-Canvas.**
- Beschreiben Sie, was Sie „wollen" – was ist Ihnen wichtig für eine Zusammenarbeit?
- Was sind Ihre „Red Flags"?
- In der agilen Zusammenarbeit heißt es immer „WIR" – wie viel Einsatz erwarten Sie und was ist Ihnen der WIR-Einsatz im Gegenzug wert?
- Welche Persönlichkeiten passen tatsächlich in Ihr Unternehmen? Wünschen Sie sich z. B. einen Projektleiter; der „einfach" zu handhaben ist, oder wollen Sie in Ihrem Unternehmen tatsächlich eine Transformation anstoßen? Wer dies tut, spricht auch die „unangenehmen" und „blinden Flecke" an und das ist oft nicht immer angenehm – bringt Sie aber weiter.
- Holen Sie sich mehrere Referenzen ein und erfassen Sie diese, hören Sie ebenfalls auf die „Zwischentöne".
- Prüfen Sie Ihr Netzwerk, ob es vielleicht sogar gemeinsame Kontakte gibt.

Check-out!
Denken Sie immer daran, ein Change- bzw. Transformationsprojekt ist ein Marathon und kein Sprint, somit „prüfe, wer sich (ewig) bindet". Planen Sie bei Verträgen eine Ausstiegsmöglichkeit ein, die für alle Beteiligten fair ist und bei der man sich weiterhin in die Augen sehen kann.

5

DAS Leuchtturmprojekt | ERP – Enterprise Resource Planning System

Zusammenfassung Skalierbarkeit ist heute in aller Munde, Prozesse End2End gedacht, freie Kapazitäten können durch die Digitalisierung und durch ein passendes ERP-System ermöglicht werden. Die Implementierung eines ERP-Systems deckt auf, zeigt auf, wo Veränderung sinnvoll, effektiv und effizient ist. In der Regel ist jeder Fachbereich im Unternehmen davon betroffen und damit einhergehend ist es von zentraler Bedeutung, Prioritäten zu setzen und entsprechende Abhängigkeiten zu erkennen. Analyse, Planung, wo soll die Reise mittels eines neuen ERP-Systems hingehen? – Das alles sind wichtige Fragen und Faktoren für eine erfolgreiche Implementierung. Steht das ERP-Projekt an, bedarf es erstmal einer passenden Software, sofern noch nicht vorhanden, darauf folgen weitere Fragen, wie soll implementiert oder migriert werden – alles im allem ist solch ein Projekt eine große Challenge!

© Der/die Autor(en), exklusiv lizenziert an Springer-Verlag GmbH, DE, ein Teil von Springer Nature 2024
S. Kern, *Das Transformation-Management-Office – Deep Dive*,
https://doi.org/10.1007/978-3-662-69335-3_5

5.1   ERP-Leuchtturm | All-in-One-Strategy

Ohne Frage ist ein ERP-Projekt (Enterprise Resource Planning) eine GROSSE Herausforderung, denn es umfasst das komplette Unternehmen. Ein ERP-System verwaltet alle Vorgänge und Prozesse in einem Unternehmen, die der Ressourcenplanung dienen. Das ERP-System ist kein einzelnes Programm, sondern ein All-in-one-System, in dem sich die komplette Wertschöpfungskette eines Unternehmens widerspiegelt.

Dieses System stellt somit eine „Datenbank" dar, in der die wichtigsten Daten gespeichert werden. Geschäftsabläufe lassen sich steuern und kontrollieren, dies bedeutet auch, dass vieles beleuchtet wird.

Es werden die Prozesse auf den Prüfstand gestellt, mit dem Ziel der Automatisierung und Digitalisierung in den Bereichen Finanzen, Personalwesen, Fertigung, Lieferkette, Service, Beschaffung und vieles mehr. Der End2End-Gedanke wird angesetzt und fordert somit auf, sich einer anderen Zusammenarbeit zu stellen – agile Werte und Methoden halten Einzug.

Hinzu kommen oft weitere Bereiche wie CRM-System, Web-Shop-Integration, Fulfillment und vieles mehr. Dank moderner App-Technologien ist dies oft mit geringem Aufwand verbunden, was hierfür jedoch immer wichtiger wird, sind digitale Kompetenzen – ein weiteres Future Skill.

Für eine ERP-Implementierung bedarf es somit einer Vielzahl von Voraussetzungen, um diese erfolgreich umzusetzen.

5.2   ERP-Projekt-Phasen | Overview und Deep-Dive | Erfolgreich einführen!

Stellt sich ein Unternehmen der Herausforderung, ein ERP-System einzuführen oder durch ein neues System zu ersetzen, sollten, wie bereits erwähnt, Schwierigkeiten eingeplant werden. Manche Mitarbeiter stehen einzelnen Neuerungen oder gar kompletten neuen Systemen skeptisch gegenüber oder es ist eine große Offenheit gegeben, aber es besteht die Angst, wie das Daily Business zusätzlich zur ERP-Implementierung zu schaffen sein soll.

Datenmigrationen, Testmanagement, Key-User-Schulungen und vieles mehr müssen zusätzlich abgedeckt werden und dann kommt darüber hinaus ein neues System oder ein UpGrade und die bisherige Schnelligkeit der Anwender ist anfänglich noch nicht gegeben.

Des Weiteren darf die Brisanz für das Unternehmen nicht außer Acht gelassen werden: scheitert ein ERP-Projekt, ist die gesamte betriebliche Leistungserstellung erstmal lahmgelegt. Ebenso würde dies einen enormen finanziellen Schaden darstellen.

Einige Unternehmen sind durch eine ERP-Implementierung am Unternehmertum gescheitert – damit es bei Ihnen zum Erfolg wird, dient dieses Buch, mit vielen praktischen und praxisnahen Tipps, damit ein ERP-System Sie auf Ihrer Unternehmenserfolgswelle in eine Zukunft begleitet.

Ein ERP-Projekt läuft in der Regel in entsprechenden Phasen ab, die Sie in Abb. 5.1 am besten nachvollziehen können.

ERP-Tipps | Good to know!

• Ressourcen – überlegen Sie ganz realistisch, wen Sie für die Implementierung benötigen. Überlegen Sie sich, ob Sie sich externe Beratungskompetenz ins Hause holen. Lassen Sie es nicht so weit kommen, dass Sie im laufenden Projekt händeringend Projektbeteiligte suchen.

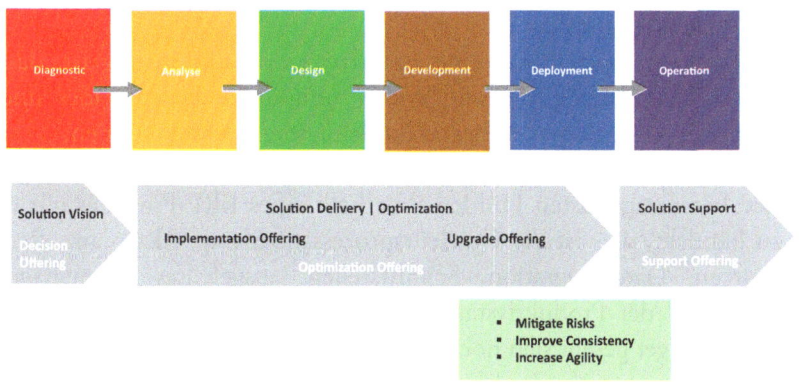

Abb. 5.1 ERP-Phasen © Sylvia Kern 2024. All Rights Reserved

- Key-User, Lead-User und Power-User – denken Sie daran, dass Sie den beteiligten Mitarbeitern die entsprechende Zeit freiräumen. Ihre Mitarbeiter gehen nicht zum Kaffeetrinken, sondern benötigen Zeit, die Anforderungen aufzunehmen, zu prüfen und im Verlaufe des Projektes zu testen.
- Testmanagement und Testen ist das A und O – wer darauf verzichtet, erhöht die Wahrscheinlichkeit auf 100 %, dass das Projekt-Budget aufgestockt werden muss und die Timeline ebenfalls nicht eingehalten werden kann.
- Timeline – GoLive – planen Sie ein realistisches Datum, das zu schaffen ist, mit einem gewissen Druck, der zu verkraften ist, zu viel Druck nimmt die Motivation.
- Datenmüll – nutzen Sie die Chance, Daten auszumisten – was benötigen Sie und was darf im Altsystem verbleiben?
- Fragen Sie Ihre Fachbereiche/Unternehmensbereiche nach Veränderungswünschen. Viele Systeme bieten standardmäßig sehr viel Komfort, den man schlicht und ergreifend kennen muss!
- Beziehen Sie Ihre KeyUser/Mitarbeiter am besten bei der ERP-Auswahl mit ein und profitieren Sie von deren Know-how.
- Ziel sollte ebenfalls sein, so manch liebgewonnene Systemeinstellung im Altsystem zu belassen und sich dem neuen zu öffnen und auf standardnahe Implementierung zu setzen. Viele Mitarbeiter stellen im Laufe des Arbeitens mit dem neuen System fest, dass es oft sogar bessere Arbeitsroutinen gibt. Also nehmen Sie Ihr Altsystem nicht in das neue System mit!
- Ein weiterer Vorteil von einer standardnahen Einführung ist, dass wenig Customizing-Aufwand anfällt und dadurch UpGrades und UpDates ohne großen Aufwand implementiert werden können.
- Ein Risikomanagement sorgt für eine erfolgreiche Implementierung.
- Die herausragendsten Hürden innerhalb eines ERP-Projektes gilt es zu händeln, dies ist die Geschäftsprozessanpassung, Akzeptanz, Ressourcen, Datenmigration, Schnittstellen, ausgefeiltes Testmanagement und der Produktivstart mit dem neuen System – ein realistisches Budget gesellt sich noch „on top" hinzu!

Fazit

Jedes Unternehmen mag sich von anderen unterscheiden, die Geschäfts-
prozess, die Bereiche, sind im Großen und Ganzen überall gleich. Die
Herausforderungen und Hürden in einem ERP-Projekt sind in der
Regel die gleichen. Werden diese Gefahren rechtzeitig erkannt und im
Projekt berücksichtigt, so trägt dies maßgeblich zum Projekterfolg bei.

5.3   ERP-Software | The right Choice – Vorgehensweise

Eines der wichtigsten und auch herausforderndsten Aufgaben ist es, sich
für das richtige System/ERP-System zu entscheiden – von SAP, Oracle
über Microsoft Produkte die Bandbreite ist sehr groß.

Unzählige Faktoren beeinflussen die Entscheidungsfindung, deshalb
ist es clever, sich über einige elementaren Punkte im Vorfeld Gedanken
zu machen.

Fakten-Check | ERP-Auswahl-Kriterien

- Budget – durch ein vorab definiertes Budget schließen Sie bestimmte
  Systeme bereits aus.
- Branchenlösung ja/nein – beispielsweise benötigen Sie für ein Retail-
  Unternehmen im eCommerce-Bereiche spezielle Lösungen, die nicht
  jedes System abdeckt.
- Benötigen Sie ein System, mit dem Sie Auslandsgesellschaften abwi-
  ckeln können, wenn ja, in welchem Umfang? Auch dies ist bereits ein
  Ausschlusskriterium.
- Ihre Unternehmensgröße und entsprechendes Entwicklungspotenzial
  muss in der jeweiligen Auswahl abbildbar sein.
- Welche Vorteile wie standardisierte Apps können integriert werden?
- Handelt es sich um einen globalen Anbieter, der weitere Technolo-
  gien zur Verfügung stellt und ist dies für Sie von Vorteil?

- Systempartner – sind diese greifbar und unterstützen sie Sie bei der Implementierung?
- Wer kann Sie nach der Implementierung unterstützen?
- Wie ist das entsprechende System am Markt vertreten? Auch im Hinblick z. B. auf neue Mitarbeiter – je höher die Markt-Akzeptanz eines Systems gegeben ist, desto höher ist die Wahrscheinlichkeit, Mitarbeiter mit dem entsprechenden System-Know-how zu finden. Dies wiederum bedeutet, weniger Schulungsaufwand für neue Mitarbeiter.

Fakten-Check|ERP-Partnerwahl

Wie bereits in dem vorherigen Kapitel erwähnt, ist es wichtig, den richtigen Partner zu finden. Dies gilt insbesondere für den richtigen ERP-Partner. Prüfen Sie diese, vergleichen Sie mehrere Partner und erstellen am besten zudem in einer Nutzwertanalyse die Soft-Facts dar.

Als Inspiration finden Sie nachfolgend eine Nutzwertanalyse mit unterschiedlichen Systemen und Selektionskriterien (siehe Abb. 5.2).

Utility Analysis	Nutzwertanalyse											
Project	Projekt: ERP	Autor: Sylvia Kern					Date	Datum: n.a.				
Criteria	Kriterium	Weighting (Masse	Gewichtung)	**ERP 1**		**ERP 2**		**ERP 3**	**ERP 4**		**ERP 5**	
		Points | Punkte	utility value | Nutzwert	Points | Punkte	utility value | Nutzwert	utility value | Nutzwert	Points | Punkte	utility value | Nutzwert	Points | Punkte	utility value | Nutzwert	
Funktionality | Performance	20%	5	1	5		0,4	0	0	1	0,2	
Technology | Updates | Future System | Interfaces (API)	20%	5	1			0,6	0	0	1	0,2	
Look & Feel	20%	5				0,6	0	0	1	0,2	
Price | Licenses & Support	20%	5				0,6	0	0	1	0,2	
Projectmanagement & Consulting	20%				3	0,6	0	0	1	0,2	
On-Top - Criteria											
Pharma Module | System	INCLUDIN			-	NO	-	NO	3*	NO	-	
SOX Compliance Tool | Standard	INCLUDING			5*	NO	-	INCLUDING	4*	NO	-	
Soft Skill | Agenda & Meetings-Preparation	Necessary & MUST FIT		OK	2*	OK	3*	y/N	2*	NO	-	
Systemintegration worldwide	Necessary & MUST FIT	5*	OK	2*	Y/N	2*	yES	1*	NO	-	
System | Customization	Necessary & MUST FIT	...0	5*	OK	5*	NO	yES	1*	NO	-	
Systempartner | No. employees	Necessary & MUST FIT	over 100	4*	OK	n.a.	50	over 1200	2*	n.a.	-	
Alternative Systempartner	Necessary & MUST FIT	XXX	5*	OK	XXX	NO	XXX	XXX	2*	NO	-
Total | Summe	**100%**	**5**		**3,4**		**2,8**	**0**		**1**		

Points | Punkte: Bitte auf Notizen in Feldern achten! Please pay attention to the field-notes!

5 = sehr gut | 4 = gut | 3 = befriedigend | 2 = ausreichend | 1 = mangelhaft

Abb. 5.2 Nutzwertanalyse © Sylvia Kern 2024. All Rights Reserved

5.4 ERP-Approach | Greenfield – Brownfield | CR's

Wer sich für eine ERP-Implementierung entscheidet, sei es für eine Erst-Implementierung oder dafür, ein altes ERP-System abzulösen, steht vor der Entscheidung, wie diese Einführung am besten durchgeführt werden kann.

Es gibt verschiedenste Möglichkeiten und Ansätze und eines ist sicher, auch wenn jedes Unternehmen über die ähnlichen Unternehmensbereiche verfügt, so befindet sich jedes Unternehmen auf einer anderen **Digitalisierungs- und Agilitäts-Stufe,** sodass eine Analyse des Ist-Standes mehr als hilfreich ist. Denn dieser Ist-Status bestimmt, welche Schritte zu gehen sind. Viele Unternehmen scheuen diesen Aufwand, in der Annahme, dieser Zeit- und finanzielle Aufwand (wie bereits mehrfach erwähnt) seien **Zeit- und Geldverschwendung** – genau **das Gegenteil** ist hier der Fall – es ist ein Investment **FÜR das Projekt und FÜR IHR Unternehmen.**

Wer den **Analyse-Invest** – wohlgemerkt in einem **angemessenen Rahmen** – betreibt, kann sicherstellen, dass das ERP-Projekt von Erfolg gekrönt sein und viele weitere **Mehrwerte** im Unternehmen mit sich bringen wird.

Fakten-Check|ERP-Ist-Status

- Standort-Bestimmung|Analyse des Ist-Staus im Unternehmen
- Realistische Einschätzung des Digitalisierungs- und Agilitätsgrades
- Was sind die Ziele – Veränderungs-Ziele und Wünsche, die mit dem ERP-System erreicht werden sollen?
- Welche Schritte sind zu unternehmen, um das Ziel zu erreichen?
- Welche Hürden können sich dabei ergeben?

Haben Sie Ihre aktuelle Situation grob analysiert und auch Ihr Ziel und Ihren Outcome entsprechend definiert, ist es wichtig zu klären, welcher Implementierungsansatz für Ihr Unternehmen infrage kommt.

Fakten-Check|ERP-Implementierungs-Approach

* Greenfield
* Brownfield

Greenfield – Neuinstallation

Der Greenfield-Implementierungsansatz bedeutet, dass man mit einem Neuanfang beginnt. Ein Greenfield-Ansatz hat eine vollständige Neugestaltung der Prozesse und Workflows eines Unternehmens zur Folge. Des Weiteren werden bei einer Greenfield-Implementierung alle Anpassungen eliminiert.

Dieser Ansatz hat sowohl seine Vor- als auch Nachteile. Für ein veraltetes Unternehmen mit veralteten Prozessen und Systemen, in dem bereits viele individuellen Anpassungen umgesetzt wurden, ist das die Chance, sich neu für die Zukunft aufzustellen. Komplexität wird minimiert und neu gedacht.

Ebenso ist ein Greenfield-Ansatz gegeben, wenn es sich um ein sehr junges Unternehmen handelt, das sich seinen Strukturen erst schaffen und oft viele diverse Tools in einem vereinen muss.

Hinzukommend bedeutet der Greenfield-Ansatz niedrigere Gesamtkosten und ein schnelleren Time-to-Value.

Der grundsätzliche Mehrwert in der Neuimplementierung besteht darin, dass die Transformation mit einem neuen System beginnt und das System gibt die Richtung vor, Flexibilität, Standardisierung und Vereinfachung gehen hier Hand in Hand.

Brownfield – Migration/UpGrade

Der Greenfield-Ansatz bedeutet eine komplette Neu- bzw. Umgestaltung des ERP-Systems, der Brownfield-Ansatz gleicht eher einem UpGrade.

Beim Brownfield-Ansatz bleiben Ihre Workflows bestehen, Sie migrieren auf eine neue Version bzw. Sie migrieren die bisherigen „Prozesse" in ein neues, anderes System.

Bisherige Geschäftsprozesse, sämtliche Anpassungen, die bisher im Einsatz waren, werden „mitgezogen". Sicherlich sollten im Zuge dessen die Prozesse und Anpassungen auf ihre „Zukunftstauglichkeit" geprüft werden. Ebenso ergibt sich das Problem, dass Prozesse und Anpassungen in der neuen ERP-Version oder in der neuen ERP-Software nicht mehr wie zuvor funktionieren, daraus ergeben sich eventuell weitere Kosten.

Fakt ist, eine Brownfield-Installation und deren Erfolg ist davon abhängig, wie erfolgreich Ihre bisherigen Prozesse und Anpassungen mitübernommen werden können.

Die Technologie schreitet immer schneller voran, das bedeutet im Umkehrschluss, dass bei einer Brownfield-Installation häufig Neuerungen und Fortschritte nicht genutzt werden können, weil zu viele „Altlasten" mitgeschleppt werden.

Der Hauptvorteil des Brownfield-Ansatzes besteht darin, dass die Projektlaufzeit in der Regel kürzer ist und es daher zu weniger Unterbrechungen in Ihrem Unternehmen kommt. Mit einem Brownfield-Ansatz können Sie ohne Neuimplementierung und Unterbrechung bestehender Prozesse auf SAP S/4HANA migrieren und dabei auf bestehenden Elementen der SAP-Landschaft aufbauen, wie z. B. Schnittstellen zu Lieferanten und Partnern.

Fazit – Green vs. Brown
Wer künftig Neuerungen, Features und vieles mehr nutzen möchte, muss sich von Sonderlocken und Sonderwünschen verabschieden, denn die ERP-Zukunft heißt „Standard". Auch aufgrund der Vernetzung, Globalisierung und der Standardisierung und Normierung ist es mehr als sinnvoll, auf den **ERP-Standard zu setzen** – Sie sind dadurch fit für die Neuerungen, können schnell und flexibel agieren und sind dadurch anpassungsfähig – ALSO genau die Aspekte, die in der VUCA-Welt ausschlaggebend sind, um am **Markt erfolgreich tätig** zu sein.

Change-Request (CR) und Pflichten/Lastenheft und Branchenlösungen
Wenn Sie auf ein Standard-ERP-System mit geringen individuellen Anpassungen setzen, stehen Sie auch nicht vor der Herausforderung eines „großen Pflichten- und Lastenheftes". Sie erhalten die Standard-Prozesse, die in einem Unternehmen abzubilden sind, setzen auf eine Branchenlösung statt auf unzähliges Customizing. Ebenfalls werden Sie bei

dieser Art und Weise der Umsetzung von unnötigen „Change-Requests" verschont oder von Systempartner-Feedbacks in der Art „Das haben wir nicht besprochen, das ist out of scope".

> Experten-Tipp Halten Sie die Implementierung und Anpassungen so schlank wie möglich – oder auch lean!

6

ERP-Erfolgsfaktoren | Must-know

Zusammenfassung Sie haben die Rahmenbedingungen geschaffen, das ERP-System ist ausgewählt, das TMO und die Beteiligten sind alle auf die Transformationsreise eingeschworen. Konzepte, Templates und Tools sind schon standardisiert – dennoch gibt es ein MEHR an Sicherheit, die Erfolgs-Faktoren aus der Praxis zu KENNEN und auf die ERP-Agenda im Check-Listen-Format mit aufzunehmen. Also nehmen Sie Stift und Zettel oder Ihr Notebook zur Hand und prüfen Sie, ob alle ERP-Hausaufgaben gemacht wurden und wo es noch Nachholbedarf oder Verbesserungsbedarf gibt.

6.1 ERP-Sucess-Factor #1 | Ist-Analyse

Die Analyse der Ist-Situation, wo stehen WIR – alle Unternehmensbereiche betreffend, die in Bezug zu einem ERP-System stehen, ist ein INVESTMENT und keine Zeit- und Geldverschwendung.

© Der/die Autor(en), exklusiv lizenziert an Springer-Verlag GmbH, DE, ein Teil von Springer Nature 2024
S. Kern, *Das Transformation-Management-Office – Deep Dive*,
https://doi.org/10.1007/978-3-662-69335-3_6

Analyse – Ziel – Erfolg

* Ehrlicher Status von Digitalisierungs- und Agilitätsgrad | Empfehlung: externe Sichtweisen mit einbinden
* Welche Schritte sind zu beschreiten? | Maßnahmenplan
* Iterationsweise voranschreiten und Feedbackschleifen einplanen

6.2   ERP-Sucess-Factor #2 | Dokumentation

Dokumentations-Junkies sind hier nicht gewünscht, jedoch neigen manche Unternehmen wie auch Systempartner dazu, eine dokumentationsfreie Landschaft zu erzeugen und dies ist ein fataler Fehler, der Zeit und Geld kostet.

Dokumentations-Tipp

* So viel wie notwendig, so wenig wie möglich
* Machen Sie sich das Prinzip aus dem Finance zu Nutze, so viel Dokumentation, damit sich ein externer Dritte innerhalb kürzester Zeit einen Überblick – ohne großes Nachfragen – verschaffen kann
* Setzen Sie auf moderne Tools für die Dokumentation
* Verwenden Sie Templates

6.3   ERP-Success-Factor #3 | Kenne deine Anforderungen

Wer weiß, was er will, bekommt es auch in der Regel. Um die eigenen Anforderungen an ein ERP-System zu kennen, ist es am einfachsten, Sie befragen Ihre Mitarbeiter, die täglich in die Prozesse involviert sind. Aus meiner persönlichen Projekt-Erfahrung kann ich sagen, dass ich sehr häufig von Mitarbeitern die Aussage vernommen habe: „Wir wurden ja nicht gefragt". Also binden Sie Ihre Mitarbeiter ein und Sie ersparen sich unnötigen Unmut und die Erfahrung Ihrer Mitarbeiter ist Gold wert und zahlt sich für die Anforderungsanalyse und den ERP-Erfolg mehr als aus (siehe Abb. 6.1).

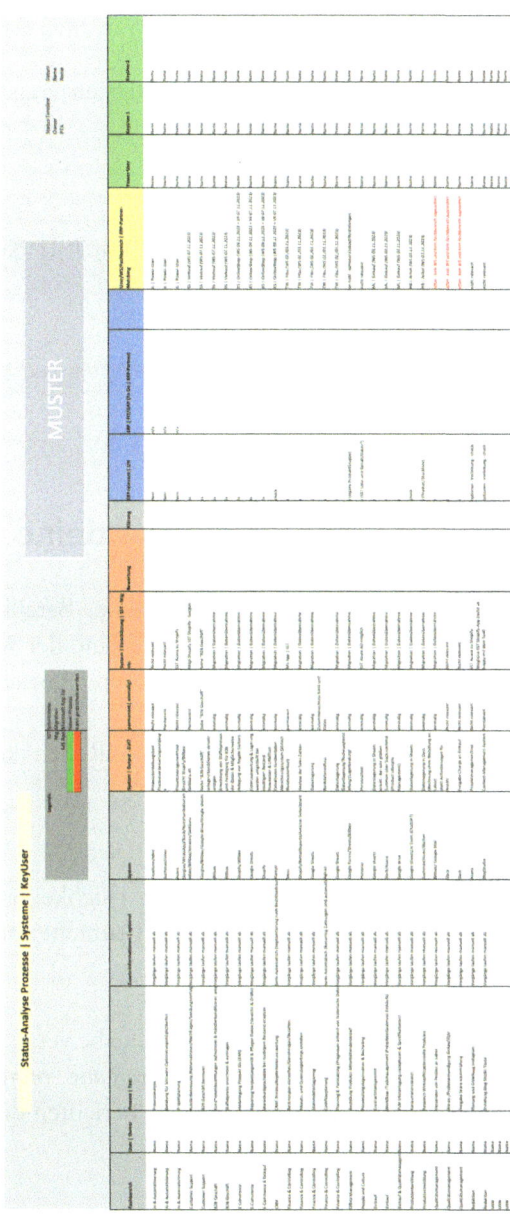

Abb. 6.1 Anforderungs-Aufnahme © Sylvia Kern 2024. All Rights Reserved

Anforderungs-Aufnahme | Requirement Engineering

- Interview-Umfrage der Fachbereiche
- Einfache Dokumentation, die bereits die wichtigsten Fragen als User Storys erfasst

Resultat

- Auswertung dient als Gesprächsunterlage für Ihre ERP-Systemwahl und ERP-Systempartner!

> Experten-Tipp Erfassen Sie in der Aufnahme zugleich die Fachbereiche, KeyUser und Systeme!

6.4   ERP-Success-Factor #4 | Kenne deine Rolle

Ein Projekt läuft wie am Schnürchen, wenn jeder der Beteiligten seine Rolle und somit seine Aufgabe kennt. Somit ist es eine der wichtigsten Aufgaben, die Projektrollen zu definieren. Ein weiterer Vorteil: Sie stellen Skill- und Rollen-Defizite fest.

Ein Beispiel zur Definition der Aufgaben und Rollen könnte das RACI-Modell sein.

RACI-Modell | Matrix
Prüfen Sie im Vorfeld, welche Arten von Verantwortlichkeiten in Ihrem Projekt notwendig sind und sein werden. Hilfsinstrument kann hierbei die RACI-Matrix sein:

- **R**esponsible: Wer ist für die Ausführung der Aufgabe verantwortlich?
- **A**ccountable: Wer ist für das Ergebnis der Aufgabe verantwortlich und wer ist für die Freigabe zuständig? An wen berichten die Responsible-Beteiligten?

- **C**onsulted: Wer ist Experte und kann zur Ausführung der Aufgabe befragt werden?
- **I**nformed: Wer wird über den Arbeitsfortschritt der Aufgabe informiert?

6.5   ERP-Success-Factor #5 | Interne IT-Landscape

Nach der Anforderungsaufnahme und der erfassten Schnittstellen und Systemen ist es vernünftig, dies auch grafisch zu erstellen. Ein **Bild sagt mehr als tausend Worte,** also investieren Sie die Zeit, eine **Ist-IT-Landscape** zu erstellen, ebenfalls sinnvoll in eine **Future-Landscape** (siehe Abb. 6.2).

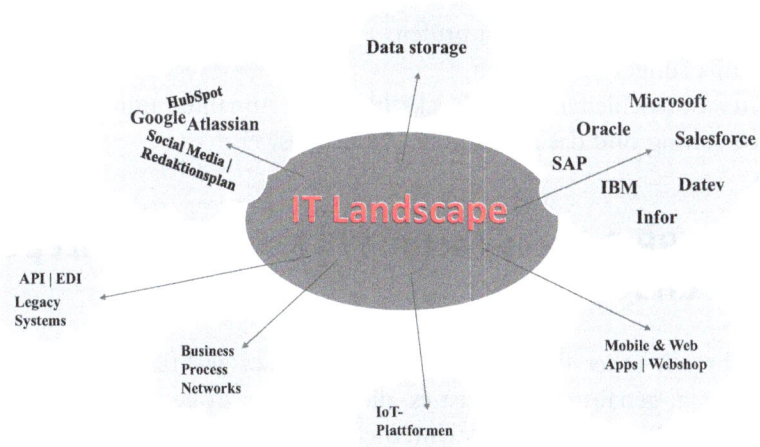

Abb. 6.2   IT Landscape © Sylvia Kern 2024. All Rights Reserved

6.6   ERP-Success-Factor #6 | Prototyping – PS auf die Straße bringen!

Haben Sie nun einen guten Überblick über Ihre Anforderungen bekommen, sollten Sie ASAP (As Soon As Possible) mit Ihrem ERP-Systempartner in kurze Workshop-Sessions gehen und mit den Anforderungen bereits ein MVP (Minimum Viable Product) erzeugen. Wenn Sie das System, die Prozesse im System abgebildet sehen und somit „greifen" können, stellen Sie sehr schnell fest, ob Ihre bisherigen Workflows und Ihr Daily Business umgesetzt werden können. Andernfalls prüfen Sie, ob Sie Ihre Prozesse an das System anpassen müssen – denn das sollte das Ziel sein – SIE passen sich dem System an und nicht umgekehrt – ich sage nur: Customizing-Aufwand reduzieren!

PS auf die Straße bringen mit MVP

• Anforderungen und Prozess im neuen System umsetzen
• Prozesse auf Tauglichkeit prüfen
• Anpassungen vornehmen
• Iterationsschleifen – Feedbackschleifen – Abnahme und stetige Verbesserung sind das Ziel und die Vorgehensweise

6.7   ERP-Success-Factor #7 | Key-User-Konzept und Schulung

Wie bereits unter Punkt #4 beschrieben, ist es wichtig, die Rollen zu definieren, genauso wichtig ist es, die Key-User zu bestimmen. Je nach Größe des Projektes und des Unternehmens macht es Sinn, einen Lead-User/Power-User zu nennen und ein bis zwei Key-User pro Fachbereich festzulegen. Warum ein oder zwei Key-User? Sichern Sie sich ab, Mitarbeiter verlassen das Unternehmen, werden krank oder fallen aus sonstigen Gründen aus – Risikominimierung und somit ein BackUp ist ein weiterer Erfolgsfaktor.

Key-User-Konzept

- Legen Sie bereits in der Anforderungs-Analyse die Fachbereiche und Key-User fest (siehe #3)
- Definieren Sie einen Lead/Power-User
- Definieren Sie Key-User 1 + 2
- Veröffentlichen Sie das KeyUser-Konzept, sodass jeder Projektbeteiligte Zugriff darauf hat.

Key-User-Schulung

- Planen Sie ebenfalls genügend Zeit und Budget für notwendige und wichtige Key-User-Schulungen mit ein.
- Wissenstransfer ist für Ihr Unternehmen und den Projekterfolg elementar!

6.8   ERP-Success-Factor #8 | Projektleiter: Wer darf es denn sein?

Es gibt Projektleiter, die sich strikt an ihren Projektauftrag orientieren, für sie ist das der einzige Weg, den sie kennen. Dann gibt es wiederum die Projektleiter, die das Innovations- und Visions-Gen in sich tragen. Sie sehen, was durch die ERP-Einführung weiteres für das Unternehmen möglich wäre, und erzeugen zusätzlichen Mehrwert. Diese Mehrwert-Treiber sind nicht unbedingt bequem, denn sie holen das Unternehmen aus der Komfortzone und decken blinde Flecken auf und erzeugen dadurch weiteren Impact und Mehrwert.

Wichtig ist für Sie, welchen Projektleiter, Projektkoordinator, Projektmanager Sie für Ihre Organisation wollen und auch aushalten können.

Projektleiter-Check

- Projektauftrag-Umsetzer oder
- Innovator mit Visions- und Mehrwertpotenzial

6.9   ERP-Success-Factor #9 | Projektstruktur

Das A und O eines erfolgreichen Projektes ist die Projektstruktur. Jeder, der mit im Projekt-Boot sitzt, muss wissen, wo sich was befindet. Eine klare Struktur, am besten strukturiert, nach den „ERP-Deliverables".

Projektstruktur – Tipps

- Nutzen Sie ein Tool – beispielsweise Microsoft Teams
- Bauen Sie ein oder mehrere Channel dafür auf – z. B. ein ERP-Hauptprojekt und einen Channel für das Steering Committee
- Erstellen Sie für den Einstieg in das Projekt ein Onboarding-Template mit den wichtigsten Projektinformationen wie Projektbeteiligte, Kontaktdaten etc.
- Ebenso empfehlenswert ist es, kleine Videos hinzuzufügen, für Tools und Anwendungen, bedenken Sie, nicht jeder ist ein Tool- & System-Junkie

6.10   ERP-Success-Factor #10 | Collaboration Tool

Projekte bestehen aus den unterschiedlichsten Beteiligten, damit die Zusammenarbeit reibungslos funktioniert, ist ein Collaboration Tool unumgänglich. Viele Unternehmen, Organisationen haben den Vorteil während der Corona-Krise erkannt. In der IT-Welt oder StartUp-Szene ist ein Arbeiten ohne diese Tools unvorstellbar.

Collaboration Tools

- Wenn Sie z. B. die Projektstruktur in MS Teams aufgebaut haben oder dieses Tool nutzen, ist es natürlich auch für die Zusammenarbeit bestens geeignet
- Ein weiterer Vorteil ist, dass Datei-Versionen upgedatet werden, nach vorgenommenen Änderungen
- Kein unnötiges Hochladen neuer Versionen

- Zentraler Kommunikations-Ort u. v. m.
- Selbstverständlich bieten sich andere Tools wie Asana und Co. an, Sie sollten grundsätzlich prüfen, wer über welche Tools im Projekt verfügt und sich auf EIN Tool einigen. Viele Köche verderben den Brei!

6.11 ERP-Success-Faktor #11 | Tickets und DEVOps

Die aufgenommen Anforderungen müssen umgesetzt werden, damit auch hier eine Struktur und Nachvollziehbarkeit gewährleistet ist, müssen die Anforderungen, Tasks aufgenommen und abgenommen werden können. Auch hier benötigt es Methoden und Tools – beispielsweise DEVOps.

Der Begriff setzt sich aus „Dev" (Development, Entwicklung) und „Ops" (Operations, Vorgänge) zusammen und vereint Menschen, Prozesse und Technologien, damit Kunden kontinuierlich hochwertige Produkte erhalten.

Was bedeutet DevOps für Teams? DevOps ermöglicht es, zuvor getrennten Rollen wie Entwicklung, IT-Betrieb, Qualitätstechnik und Sicherheit, zu koordinieren und zusammenzuarbeiten, um bessere und zuverlässigere Produkte bereitzustellen. Durch die Einführung der DevOps-Kultur mit DevOps-Methoden und -Tools können Teams besser auf die Anforderungen ihrer Kunden reagieren, das Vertrauen in ihre eigenen Anwendungen steigern und Geschäftsziele schneller erreichen.

6.12 ERP-Success-Faktor #12 | Virtuelle Teams führen

Dank diversen „Krisen" hat nun auch das Homeoffice und virtuelle Arbeiten nicht nur in der IT Einzug gehalten, auch andere Branchen und die Kunden der IT-/ERP-Dienstleister sind nun für Remote-Work offen.

Ein virtuelles Team bestehend aus Arbeitsgruppen. Dass Mitarbeiter, die räumlich voneinander getrennt sind, über geeignete digitale Kommunikationsmittel standortunabhängig miteinander kommunizieren und zusammenarbeiten, ist nun Standard in den Unternehmen. Das Führen auf Distanz benötigt jedoch nicht nur die technische Ausstattung, sondern auch eine andere Art des Führens. Das digitale Führen von Teams mit weniger Präsenzpflicht im Office und dafür mehr Videokonferenzen und einer Vielzahl von digitalen Tools fordert so manche Führungskraft, trotz einiger Vorteile, wie weniger Geschäftsreisen.

Wichtig für das Führen von virtuellen Teams ist es, auch die richtigen Mitarbeiter dafür zu gewinnen, nicht jeder ist für diese Art der Arbeit geeignet oder möchte dies. Ebenfalls eignet sich hier im Bereich Onboarding das Thema mitaufzugreifen, wie Remote-Work in Ihrem Unternehmen gestaltet wird – sprich, wie Ihre entsprechende Struktur für Remote-Work ausgerichtet ist.

Virtuelle Zusammenarbeit | Kern-Elemente
Kern-Elemente bei der Führung von virtuellen Teams gleichen dem der herkömmlichen Führung von Teams, die Herausforderung liegt darin, einen entsprechenden Rahmen zu schaffen, damit die Zusammenarbeit effektiv, engagiert, effizient und produktiv erfolgen kann.

Zusammenarbeit Eine gute Teamarbeit ist nur möglich, wenn die Rahmenbedingungen stimmen – sprich, die richtigen Tools müssen vorhanden sein. Ebenso muss eine Struktur vorhanden sein, in der ein gemeinsames Arbeiten an Dokumenten, eine einheitliche Ablage u. v. m. gegeben ist. Messaging- und Collaboration-Tools sind weitere Komponenten für eine erfolgreiche Zusammenarbeit.

Vertrauen Ist der Klebstoff, der das Team zusammenhält und schafft die Möglichkeit, offen gegenüber der Führungskraft zu sein. Ebenso ist Vertrauen die Basis, Probleme eigenständig und im Team lösen zu können.

Motivation Wenn der persönliche Kontakt fehlt, sprich, ein kurzer, aufmunternder Plausch in der Kaffee-Küche oder ein gemeinsames Mittagessen, müssen Sie Alternativen finden. Dafür gibt es jedoch genügend Möglichkeiten und viele Unternehmen habe diese als Marktlücke entdeckt und versenden Goodies und Ähnliches oder man trifft sich zum virtuellen Kaffee, Saft, Bier oder Weinchen.

Selbständigkeit Wenn Sie Vertrauen in Ihre Mitarbeiter haben, können Sie entsprechende Freiheiten gewähren. Außerdem haben Sie sich ja für gute Mitarbeiter entschieden, und damit diese ihr volles Potenzial ausschöpfen können, benötigen sie auch ihren Freiraum. Ziele und Erfolge oder Teilerfolge können anders „kontrolliert" bzw. gesteuert werden. Hier bieten sich eine Vielzahl von agilen Methoden und Tools an – die Sie auch in diesem Buch finden. Sofern Sie immer noch an der Denkweise haften, dass starre Arbeitszeiten nötig sind und nur wer präsent ist, leistet, sollten Sie zukünftig mehr auf den „Outcome" achten – was welcher Mitarbeiter tatsächlich abliefert, und das Gleiche gilt für eine Arbeitswoche – aus meiner Sicht ist das Ergebnis relevant. Hierzu wir sich sicherlich in den nächsten Jahren noch einiges verändern müssen, auch hinsichtlich der Vergütungssysteme, egal ob festangestellt oder selbständig tätig.

Kommunikation Virtuell zu steuern, ist sicherlich eine Herausforderung. Per Chat oder Mail wird so manches missverstanden und Konflikte sind vorprogrammiert. Klarheit in der Kommunikation, kontinuierliche Jour Fixes, Feedbacks per Video sind somit unerlässlich.

6.13 ERP-Success-Faktor #13 | Kommunikation

Eines der wichtigsten Future Skills ist Kommunikation – man könnte annehmen, dass wegen der Digitalisierung Kommunikation nicht mehr so entscheidend sei. Genau das Gegenteil ist der Fall: Wenn mehr digitalisiert, automatisiert wird und alles vernetzter und komplexer wird, muss es ein MEHR an offener und klarer Kommunikation geben.

Auch dafür gibt es in der agilen Welt viele Methoden und Tools, wie Sie sich im weiteren Verlauf des Buches erlesen können.

Kommunikation das A und O | Projekt-Tipps

- Unstimmigkeiten und Unklarheiten so früh wie möglich klären
- Konflikte nicht aussitzen, sondern klären und sogar als Veränderungstool ansehen
- Projektbeteiligte, Teams einbinden durch Jour Fixes u. s. w.
- Empathie pflegen, das fördert das Verständnis und sorgt somit für ein besseres Miteinander und ebenfalls eine bessere Kommunikation
- Kommunikations- und andere rhetorische Weiterbildung anbieten

6.14 ERP-Success-Faktor #14 | Standard – Templates & Co.

Projekte und vor allem ERP-Projekte benötigen einen gewissen „Speed", damit die gewünschten PS auf die Straße – also ins Projekt – gebracht werden können, daher ist es ratsam, mit Templates zu arbeiten.

Die Prozesse, ob Einkauf, Verkauf oder Finance ähneln sich, das System ist ein Standard-System, so kann anhand dieser Prozesse ein gutes Template-Gerüst erstellt werden.

Auch die Inhalte für die Prozesse aus den Fachbereichen sind ähnlich, noch dazu, wenn es sich um eine Branchensoftware handelt.

Beispielsweise im eCommerce-Bereich sind unterschiedliche Zahlvarianten oder Versendungsarten vorzufinden und können im Template für die Branche eCommerce gleichfalls mitaufgenommen werden.

Praxis-Tipp für Systempartner und Kunde

- Erzeugen Sie pro Fachbereich und Prozess die wichtigsten Informationen. Diese können Sie anhand eines Fragenkatalogs erfassen.
- Ebenso können pro Prozess-Linie die notwendigen Anforderungen, Parameter erfasst oder mit dem Fragenkatalog verlinkt werden.

Mission „impossible"

- Eines sollte immer weniger anzutreffen sein: ein Textdokument für die Aufnahme der Anforderungen!

6.15 ERP-Success-Faktor #15 | Future-Skill-Vielseitigkeit

Was bedeutet der Future-Skill Vielseitigkeit? Hierzu verweise ich gerne auf mein Buch aus der Springer Serie Fit for Future, Future Skill Vielseitigkeit (2021).

Die Zukunft wird immer komplexer, ebenfalls wissen wir nicht, welche Jobs künftig benötigt und welche wegfallen werden. Manche Berufe werden nur für einige Jahre en vouge sein und dank moderner Technologien wieder abgelöst werden.

Damit wir also auf der Technologie-Route mitschwingen können und nicht abgehängt werden, benötigen wir künftig einen vielfältigen und vielseitigen Skill-Rucksack.

Agile Arbeitskonzepte stellen ebenso sowohl Fach- als auch Führungskräfte vor neue Herausforderungen.

Aus diesem Grunde sind somit besonders Mitarbeiter, Personen gefragt, die Kompetenzen von Spezialisten und Generalisten vereinen. Hier schlägt gleichfalls das Future-Topic Re- und UpSkilling zu Buche (siehe Abb. 6.3).

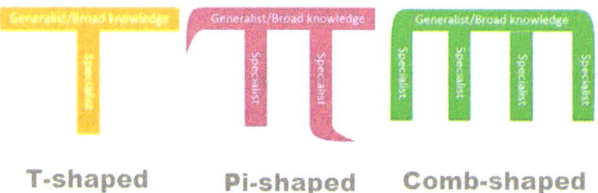

Abb. 6.3 T-Pi-Comb-Shape-Modelle © Sylvia Kern 2024. All Rights Reserved

6.16 ERP-Success-Faktor #16 | People-Business

Digitalisierung und Projekte sind People-Business – der Faktor Mensch wird immer noch unterschätzt. Es ist nicht die Technologie, die den Projekterfolg ins Wanken bringt, in der Regel ist es der Mensch. Das bedeutet für Führungskräfte, dass das Thema Soft-Skills immer wichtiger wird und die Führungskraft sich mehr als Coach verstehen sollte. Moderne Leader müssen ihre Mitarbeiter, ihr Team begleiten, anleiten und ihre Ängste verstehen und ihnen dabei helfen, sich den Ängsten mutig zu stellen, um Neues auszuprobieren.

Es benötigt Freiraum, in der Innovation, Kreativität entstehen können, auch bei einem ERP-Projekt ist Kreativität ein Erfolgsfaktor, kein ERP-Projekt läuft wie am Schnürchen, da ist die ein oder andere kreative Herangehensweise gefragt, hierzu benötigt es jedoch auch den entsprechenden Rahmen.

Zu den Future-Skills gehören neben der fachlichen Expertise Verhandlungsgeschick, Überzeugungskraft und wie bereits des Öfteren erwähnt, Empathie. Mit diesem Skill-Set kann der eine oder andere blinde Fleck erkannt und gelöst werden, damit ein neutraler Entscheidungsprozess erfolgen kann.

6.17 ERP-Success-Faktor #17 | Abnahmekriterien und Definition von „Done"

Wenn Sie ein ERP-System implementieren, schließen Sie mit Ihrem IT-Dienstleister einen Werkvertrag, ein Werkvertrag sichert Ihnen ein funktionsfähiges System zu. Wie so oft sprechen Sender und Empfänger unterschiedliche Sprachen und Missverständnisse sind vorprogrammiert.

Damit dies nicht geschieht, sollten Sie spätestens nach dem Vorprojekt (Projektphasen), in dem die Anforderungen besprochen wurden, und das finale Angebot erstellt werden kann, klären, was für Sie die Abnahmekriterien des Systems bzw. der einzelnen Sprints sind.

Klären Sie die Definition von „DONE"! (siehe Abb. 6.4).

Definition of Done	Akzeptanzkriterien
Ziel: Verdeutlichen, was erforderlich ist, um jedes Product Backlog Item für erledigt zu erklären	Ziel: Verdeutlichen der Anforderungen, damit die Erwartungen des Endbenutzers auch wirklich erfüllt werden
Auf alle Product Backlog Items anwendbar	Kommt für spezifische Product Backlog Items zum Einsatz
Entwicklerteam verwaltet DoD, Team versteht und akzeptiert die Arbeitsweise	Product Ownder verwaltet Akzeptanzkriterien, Entwicklerteam versteht diese
Verändert sich nicht oft	Können Teams und Product Owner sich darüber verständigen → veränderlich

Abb. 6.4   Definition Done | Abnahmekriterien © Sylvia Kern 2024. All Rights Reserved

6.18 ERP-Success-Faktor #18 | Risikomanagement

Wie bereits im Abschn. 3.9 detailliert erfasst, bedarf es für ein ERP-Projekt ebenso eines entsprechenden Risikomanagements. Oftmals wird dies vernachlässigt, auch wird in der Regel versäumt, insbesondere bei KMU-Unternehmen, ein Risiko-Budget anzusetzen.

Risiko-Matrix und Bewertung

- Prüfen Sie realistisch Ihre Risiken!
- Erstellen Sie eine Risiko-Matrix und bewerten Sie die einzelnen Risiken
- Definieren Sie ebenfalls pro Risikofaktor, welche Maßnahmen und Lösungen es gibt

7

Agile Methoden – Sinn und Zweck „to be agile"

Zusammenfassung Sich innerhalb eines Projektes moderner Methoden zu bedienen, sichert den Umsetzungserfolg. Eine Vielzahl von Methoden stehen hier wie ein gut gefüllter Rucksack bei einer Bergtour bereit. Gekonnt die richtige Methode oder einen Mix einzusetzen, rundet nach Struktur, Strategie und vielem mehr, ein Projekt ab. Selbstverständlich ist nicht jede Methode für ein Projekt, ein Unternehmen, das entsprechende Team geeignet, ebenso sollte sich jedes Unternehmen die Freiheit gönnen, für sich die Methoden anzupassen – wobei dies nicht bedeutet, „heute so und morgen so", sondern auf das Unternehmen und dessen Prozesse, Systeme angepasst. Diese spiegeln sich ebenso in einem Change-/Transformationskonzept bestenfalls wider. Methoden benötigen ein agiles Unternehmen – wie agil ist Ihr Unternehmen und wieso benötigen wir in der Zukunft Agilität?

© Der/die Autor(en), exklusiv lizenziert an Springer-Verlag GmbH, DE, ein Teil von
Springer Nature 2024
S. Kern, *Das Transformation-Management-Office – Deep Dive*,
https://doi.org/10.1007/978-3-662-69335-3_7

7.1   Sinn und Zweck von Agilität

„Agilis" (lat.) bedeutet „gewandt, wendig, flink". Agilität steht im Allgemeinen für eine hohe Beweglichkeit. Für Organisationen, Unternehmen jeglicher Größenordnung bedeutet dies, in kurzer Zeit schneller als der Wettbewerb auf Veränderungen reagieren zu können und daraus ebenso Chancen zu ergreifen. Also nicht „chaotisch und wahllos" auf die Veränderung, die neuen Marktanforderungen zu reagieren, sondern strategische und strukturelle Beweglichkeit zu schaffen. Dies gilt sowohl für das Unternehmen (Struktur) als auch in den einzelnen Köpfen. Die Ressourcen sind bestmöglich auf die aktuellen Situationen mit dem Chancen-Blick auszurichten.

Der Sinn liegt somit darin, Kundenzufriedenheit zu generieren und sich an den Bedürfnissen der Kunden und Nutzer auszurichten. Die Kundenzentrierung hat zur Folge, dass alle Aktivitäten von der Entwicklung, Produktion bis zur Auslieferung darauf ausgerichtet sind, vom Markt, Kunden, Nutzer Feedback zu erhalten.

Die Unternehmensstruktur einer agilen Organisation weist hier weniger die üblichen fachlichen Abteilungen wie IT, Forschung & Entwicklung, HR, Finance & Controlling und dergleichen auf, sondern, um die erforderliche Geschwindigkeit zu erhalten, wird hier anhand der Wertschöpfungskette der Produkte und Dienstleistungen agiert, diese auf einen hohen Netzwerkcharakter setzt. Diese Strukturen gleichen mehr einem Projekt-Geschäft, das jeweilige Projekt (Produkt bzw. Dienstleistung) wird agil umgesetzt und die beteiligten Personen/Fachbereiche sind alle im Projekt für den erfolgreichen Projekterfolg involviert – eine iterative Umsetzungsweise. Aus diesem Grunde ist eine offene und transparente Kommunikation in der agilen Welt ein weiterer Erfolgsfaktor.

Agilität – kurz und knapp
Die Anpassungsfähigkeit an die sich stetig verändernden Rahmenbedingungen unter Aufrechterhaltung der Wertschöpfung bzw. die Veränderungen als Chance nutzen!

7.2   Was zeichnet ein agiles Unternehmen aus?

An welchen Merkmalen lässt sich nun ein agiles Unternehmen erkennen? Kennzeichnend sind folgende Parameter.

Indikatoren für ein agiles Unternehmen
Das Unternehmen verfügt über genügend „Beweglichkeit" und greift auf einen großen Bewegungsradius zu, um ggf. eine komplette 180-Grad-Drehung vorzunehmen. Wie hoch ist die Reaktionszeit, um operative und strategische Änderungen und Entscheidungen vornehmen zu können?

Wie schnell kann eine Veränderung vorgenommen werden? Wie viele Entscheidungs- und Abstimmrunden und Schleifen sind notwendig, um in die Umsetzung zu kommen?

Innerhalb des Unternehmens gibt es ein gemeinsames Verständnis für die entsprechenden Ziele und Strategien und gemeinsam ist man in der Lage, die Richtung zu verfolgen und proaktiv mitzugestalten (Mindset).

7.3   Agiles Arbeiten

Methoden und Rahmenbedingungen sind wichtig, ebenso wichtig ist, die grundsätzliche Bedeutung von agiler Arbeit zu kennen. Was ein agiles Unternehmen auszeichnet, wurde erläutert, damit jedoch das Unternehmen agil arbeiten kann, ist ein agiles Mindset unerlässlich.

Agiles Mindset zeichnet sich durch folgende Merkmale aus

- Schnelligkeit
- Flexibilität
- Anpassungsfähigkeit
- Proaktives Handeln bei Veränderungen
- Verantwortung übernehmen | Selbstverantwortung
- Selbstreflexion
- stetiges Lernen

Verankert in einem „**Growth Mindset**".

Die Arbeitsweise von agilem Arbeiten bedeutet, dass anhand dieses genannten agilen Mindsets die Arbeit mit dieser entsprechenden Haltung einhergeht. Wir agieren flexibel, kontinuierliches Lernen, Verbessern, Optimieren, sind wandlungsfähig und passen uns der Situation gekonnt an. Der Mensch und die Zusammenarbeit stehen über den Systemen, Prozessen und Tools und der Ansatz der Kundenzufriedenheit mit dem End2End-Gedanken wird gelebt.

Sicherlich ist dies leichter geschrieben als im Daily Business umgesetzt. Was dabei helfen kann, sind zu einem die Unternehmenswerte, ähnlich „tickende" Mitarbeiter und Kooperationspartner.

Ebenso hilfreich ist es, im **TMO – Transformation-Management-Office** kontinuierlich zu prüfen, den **Status** zu hinterfragen, wie **agil ist das vorhandene Mindset** im Unternehmen und was kann verändert, verbessert werden?

7.4   Agile Methoden und Techniken

Die Rahmenbedingungen für das agile Arbeiten in einem Unternehmen, einer Organisation sind geschaffen worden. Nun können die agilen Methoden und Techniken zum Einsatz kommen. Der Unterschied von agilen Methoden und Techniken ist, dass die agile Technik das Verfahren darstellt, um die agilen Prinzipien und Werte umzusetzen. Die agilen Methoden sind die Struktur für ein agiles Projektmanagement, in dem die agilen Techniken angewendet werden.

Agile Methoden

Agile Methoden sind das Handwerkzeug, ein Unternehmen agil zu organisieren. Die agilen Methoden wie z. B. Scrum basieren auf bestimmten Regeln, der Vorteil dieser Regeln liegt darin, dass ein bestimmter Standard gegeben ist. Ebenso werden sogenannte Prinzipien darunter verstanden, das sogenannte **Agile Manifest** (Agile Manifesto). Dieses Agile Manifest wurde 2001 von Kent Beck und Ken Schwaber, Jeff Sutherland und weiteren veröffentlicht und stellt die Basis für agiles Projektmanagement dar.

Dieses besteht aus **4 Werten und 12 Prinzipien.** Auch hier kann die Sichtweise vertreten werden (Ansatz der Autorin), dass jedes Unternehmen über die Freiheit verfügt, dieses agile Manifest zu erweitern, zu verändern u. v. m. Im Grunde sind es die Leitlinien, wie in einem Unternehmen die Zusammenarbeit und deren Werte organisiert sind und was gelebt werden möchte. Der grundsätzliche Sinn der Methode ist es, den Mitarbeitern ein selbstorganisiertes Arbeiten zu ermöglichen. Ebenso ist ein weiteres Ziel, eine stetige Verbesserung zu erreichen und den Austausch, die Kommunikation zu fördern. Sinn und Zweck ist ein iteratives Arbeiten, um das gewünschte Ergebnis im stetigen Kundenaustauch (Feedback) zu erreichen.

Die wichtigsten agilen Arbeitsmethoden kurz und bündig

- **Scrum**
  Scrum stellt eine schrittweise Entwicklung, schlanke Prozesse und Feedbackschleifen dar. Ursprünglich wurde es für die Softwareentwicklung eingesetzt. Ziel ist es, mit Scrum inkrementelles, iteratives Vorgehen zu erzielen. Einzelne, abgeschlossene Sprints werden nacheinander zur endgültigen Produktversion umgesetzt. Die Sprints werden so lange wiederholt, bis das definierte Ergebnis erzielt wird.
- **Kanban**
  Kanban ist eine Arbeitsmanagementmethode, die aus dem Hause Toyota stammt. Ziel ist es, mit der Kanban-Methode die zu erledigenden Arbeiten und die verfügbaren Kapazitäten bestmöglich zu verteilen. Das wichtigste Tool = Technik ist das Kanban-Board. Dieses ist in unterschiedliche, zuvor definierte Phasen aufgeteilt. Jeder Task wird auf einer Karte/Sticky Note erfasst, die dann je nach Bearbeitungsstatuts in den definierten Phasen so lange verschoben wird, bis dieser Task auf „DONE" gesetzt ist.
- **Design Thinking**
  Design Thinking ist eine kreative Methode zur Lösung von komplexen Problemen und zur Entwicklung von Ideen. Diese Methode erlaubt es, neu zu denken und andere Perspektiven einzunehmen – z. B. bei der Six Hats-Methode.

- **OKRs**
  OKR (Objectives and Key Results) ist ein Framework, das die Steuerung der unternehmerischen Entwicklung in die strategische Umsetzung gewährleistet. Es ist eine Zielmanagementmethode zur zielgerichteten Mitarbeiterführung und Messung von Ergebnissen (siehe Abb. 7.1).

7.5   Retrospektive

Die Retrospektive ist eine der **ERFOLGS-Methoden,** es gibt unzählige Varianten, hier ist jedes Unternehmen frei. Wie das Leben, es wird vorwärts gelebt und rückwärts verstanden und so ist die Retrospektive anzusehen. In einem Projekt gibt es trotz Templates, Standard-Systemen immer etwas zu verändern, zu verbessern und eine Veränderung bzw. einen Wandel kann umgesetzt werden, wenn verstanden, analysiert wird, was nicht gut gelaufen ist.

Vertrauen, ein respektvolles Miteinander und eine wertschätzende Kommunikation sind zweifelsohne ein MUST für die Anwendung von Retros. Diese sind nicht zu verstehen als Finger-Pointing-Tool, sondern

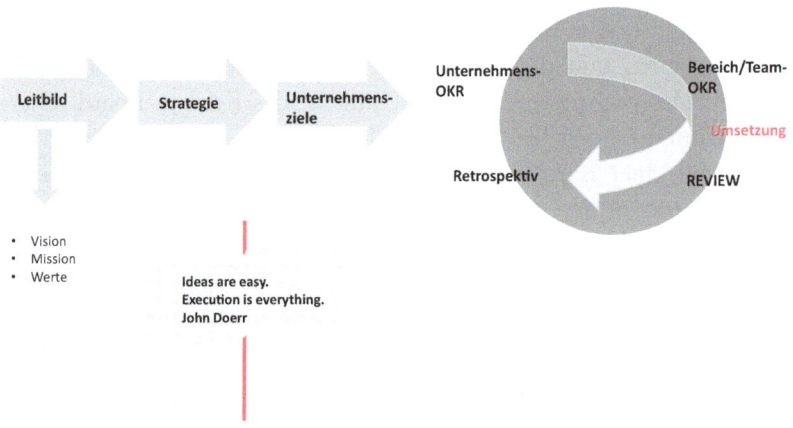

Abb. 7.1   OKR-Methode © Sylvia Kern 2024. All Rights Reserved

als Verbesserungs-Tool, wobei anzumerken ist, dass es durchaus erwünscht ist, zu den eigenen Fehlern zu stehen.

Wie oft schon erlebt heißt es, wir leben eine offene Fehlerkultur, doch die wenigsten können dann doch zu ihren Fehlern stehen!

Fehlerkultur benötigt ein kleines Ego.

Sinn und Zweck von Retrospektiven im Überblick

- Retros dienen als Kreativitäts- und Lösungsbooster auch in schwierigen Projektsituationen
- Sie dienen dem Teambuilding
- Die Zusammenarbeit wird durch Rückblick, Einblick und Ausblick verbessert

Retrospektiven in Projekten sind sinnvoll nach jedem einzelnen Sprint. Ziel ist es, zurückzublicken, was ist gut gelaufen, was weniger gut, welche Learnings konnten aus dem Sprint gewonnen werden? Die Entwicklung, die Arbeit der letzten Iteration wird gemeinsam reflektiert und fließt in die nächsten Iterations-Schritte ein.

In der Retrospektive wird offen kommuniziert, was auch hinsichtlich der Zusammenarbeit, den Methoden und Tools und anderweitigen Herausforderungen verbessert werden sollte. Sinn und Zweck ist es, die **Zusammenarbeit zu verbessern, um qualitativ hochwertige Arbeitsergebnisse** zu erzielen.

Der **Projektleiter, Scrum Master** oder ähnlich, versteht sich als „**Servant Leader**" und schafft die Rahmenbedingungen, damit das Team erfolgreich agieren kann, dieser liefert die Impulse. Wird beispielsweise ein neues Team zusammengestellt, ist obligatorisch erst einmal Teambuilding angesagt. Wird ein Team vergrößert und gesellt sich ein Junior zum Team, kann Up-Skilling eine **Maßnahme** sein (siehe Abb. 7.2).

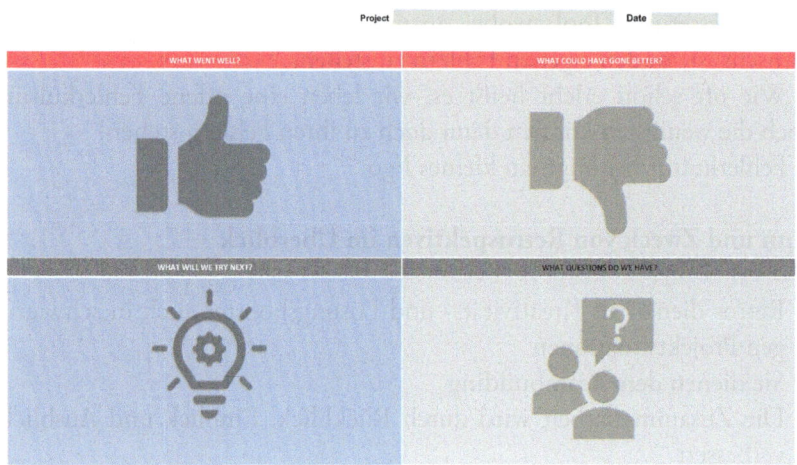

Abb. 7.2 Retrospektive © Sylvia Kern 2024. All Rights Reserved

7.6   OKR vs. SCRUM

In vielen ERP-Projekten findet SCRUM Anwendung, jedoch weichen die Sprint-Intervalle von dem üblichen Intervall ab. Im Grunde genommen geht es darum, Ergebnisse zu liefern, und dazu sind diese Methoden gedacht. Wenn ein ERP-System implementiert wird und der Systempartner eine Sprint-Dauer von 4 Wochen ansetzt und dies für das Projekt und den Outcome zielführend ist, ist es sicherlich kein Nachteil.

OKR und SCRUM sind agile Frameworks, die Unterscheidung liegt darin, dass SCRUM z. B. für die Produktentwicklung wie ein ERP-System Anwendung findet, OKR dient der agilen Strategieumsetzung. Wenn beides geschickt miteinander verbunden wird, sind das beide hervorragende Steuerungsinstrumente! (Siehe Abb. 7.3).

Agile Strategieumsetzung	Einsatzbereich	Agile Produktentwicklung
Komplettes Unternehmen	Umfang	Bezieht sich auf Teams
3 Monate	Iterations-Dauer	1-4 Wochen
Flexibel	Frameworks – Definition	(eigentlich) klar definiert – Scrum Guide
Erreichung 6 Key Results	Commitment	Umsetzung Produkt Backlog Items
OKR Master, Objective Owner, Key Result Owner, OKR Team	Rollen	Scrum Master, Produkt Owner, Developer

Abb. 7.3 OKR VS SCRUM © Sylvia Kern 2024. All Rights Reserved

7.7   Methoden-Menü|Weniger ist mehr!

Einige der wichtigen agilen Tools und Methoden haben Sie in diesem Buch kennengelernt. Grundsätzlich gilt, weniger ist mehr! Prüfen Sie, was Ihnen wichtig ist, insbesondere, wenn Sie erst am Anfang sind, mit agilen Methoden und Tools zu arbeiten.

Prüfen Sie bereits vor dem Projekt, wie Sie das entsprechende Projekt umsetzen möchten, mit welchen Methoden und Tools. Haben Sie einen ERP-/IT-Partner mit an Bord, stimmen Sie sich mit diesem ab.

Agile Methoden – Fragen-Check

- Welche Tools sollen im Projekt wofür eingesetzt werden?
- Wodurch könnten Fehler entstehen und mit welcher Methode/welchem Tool könnten diese gelöst werden?
- Was verursacht Zeitverlust und wie könnte dieser gelöst werden?
- Welche Tools und Methoden werden benötigt, um einfacher zu arbeiten?

Experten Tipp Reduzieren Sie sich auf das Wesentliche und setzen auf Ihre Agenda in Zukunft „Leanmanagement".

7.8   Lean is Clean|Leanmethode

Nicht nur hinsichtlich der Dokumentation in einem Projekt lautet die Devise „So viel wie notwendig und so wenig wie möglich".

Leanmanagement (effiziente Gestaltung der Wertschöpfungskette) und dessen Ursprung ist auf Toyota und das TPS-Produktionssystem zurückzuführen. Dessen Ziel war eine schlanke Produktion, ohne Verschwendung von Ressourcen innerhalb der Produktion, verbunden mit kontinuierlichen Verbesserungen am Prozess.

Wichtig zu erwähnen ist, bevor mit Leanmanagement begonnen werden kann, sind erstmal gewisse „Aufräumarbeiten" zu leisten und Altlasten zu beseitigen – sprich: **„Werde erstmal clean, dann geht lean!"**

Das Leanmanagement besteht aus 5 Prinzipien
1. Value Prinzip → Kundenmehrwert|Wert aus Kundensicht spezi
2. Value Stream Prinzip→ Wertstrom identifizieren
3. Flow Prinzip → Flussprinzip umsetzen – Fluss optimieren
4. Pull Prinzip → auf Kundenbedürfnisse ausrichten
5. Perfection Prinzip → Kaizen – kontinuierliche Verbesserung, nach Perfektion streben

#1 Value Prinzip
Der erste Ansatz im Bereich Lean Thinking (Denkweise auf Basis der 5 Prinzipien) bedeutet, Werte aus Kundensicht zu definieren bzw. der entsprechenden Zielgruppe. Das Produkt, Projekt oder ähnlich wird aus der Perspektive des Kunden betrachtet, um dessen Ziele und Wünsche zu verstehen und deren Wichtigkeit zu eruieren. Bei diesem Ansatz geht es darum, genau zu erkennen, wo für den Kunden der Mehrwert liegt und der Kunde/Zielgruppe das Budget optional zusätzliche Budget investieren möchte und kann. Auf Basis dieses Prinzips, entsteht ein Produkt, das all den Erwartungen des Kunden entspricht und dementsprechend die Projektstrategie und die Projektparametrisierung danach auszurichten ist.

#2 Value Stream Prinzip

Der Wertstrom umfasst alle Schritte, die zur Herstellung der analysierten Kundenwerte notwendig sind. Das betrifft Prozesse, die der Wertschöpfung zuzuordnen sind, des Weiteren notwendige Prozesse, die jedoch keinen Mehrwert liefern, und unnötige Prozesse ohne Mehrwert. Um diese Prozesse zu analysieren, eignet sich eine Wertestromanalyse. Prozesse, Leistungen, die der Wertschöpfung dienen, sind hervorzuheben, notwendige Tätigkeiten sind auf ein Minimum zu reduzieren und unnötige Abläufe sind zu eliminieren.

#3 Flow Prinzip

Im Fluss zu sein, ein weiteres Prinzip im Leanmanagement, hilft, reibungslose Abläufe sicherzustellen. Die Prozesse, der Wertstrom soll reibungslos und kontinuierlich alle Projektschritte/Abschnitte fließen können. Damit dies geschehen kann, dürfen die Projektschritte nicht behindert, angesammelt oder überlastet werden, die einzelnen Schritte sind aufeinander gekonnt und perfekt abzustimmen.

Demzufolge sollten folgende Bereiche vermieden werden:

- Fehler
- Mängel
- Wartezeiten
- Überproduktion
- zu hohe Lagerbestände
- unnötige Transportwege
- zu komplexe Prozesse
- unproduktive Bewegungsabläufe
- ungenutztes Potenzial und Talent!

#4 Pull Prinzip

Pull-Prinzip, also „ziehen", hat den Ansatz, nur das, was der Kunde benötigt, zu produzieren und ebenfalls erst dann, wenn es notwendig ist, gebraucht wird. Eine Überproduktion wird somit vermieden, die im Bereich Fertigung aufschlagen würde. Etwas zu produzieren, zu entwickeln, wenn der Bedarf erst gegeben ist, gilt für andere Branchen gleichfalls. Das Projekt orientiert sich somit an den Bedürfnissen des Auftraggebers.

#5 Perfection Prinzip
Kontinuierliche Verbesserung, von Iteration zu Iteration, oder mit dem japanischen Wort „Kaizen" gleichzusetzen, das bedeutet das Prinzip „Perfection" – kontinuierlich nach Perfektion streben, ein kontinuierlicher Verbesserungsprozess (KVP) ist das Ziel. Es ist ein Kreislauf sozusagen, denn eine Verbesserung findet nie ein Ende – der Kreislauf beginnt wieder von vorne. Werte definieren, Wertstrom analysieren, reibungslosen Fluss garantieren, Orientierung an der Anforderung und Verbesserung umsetzen.

Lean – Clean und ERP, the perfect Match!
Lean und ERP ergänzen sich hervorragend! Bevor ein ERP-System implementiert wird, ist es essenziell, erstmal „aufzuräumen", also CLEAN zu werden, dies ist die Basis, um mit Leanmanagement das ERP-Projekt erfolgreich umzusetzen.

8

Empathie – Feedback & Kommunikation– Resilienz – Reflexion

Zusammenfassung Projekte werden von Menschen gewonnen, leider wird dies immer noch zu wenig verstanden. Menschen sind keine Maschinen, auch wenn viele Manager das (noch) nicht wahrhaben wollen. Das Thema „Gefühl" wird ausgeblendet, obwohl Emotion uns steuert. Gefühle sind einfach nicht C-Level-tauglich. Aber warum entscheiden wir uns für einen Kooperationspartner, für ein Unternehmen, für einen Job schlussendlich immer auf der Beziehungsebene!? Warum gibt es Netzwerke und warum gibt es den Spruch „Kontakte machen Kontrakte"?! Erfolgreiche Projekte werden von Menschen umgesetzt, damit dies gelingt, ist Kommunikation ein wichtiger Erfolgstreiber in Projekten. Kommunikation, Feedback benötigt Empathie und eine gute Portion an Reflexion und die VUCA-Welt fordert uns Menschen auf, immer resilienter zu werden.

© Der/die Autor(en), exklusiv lizenziert an Springer-Verlag GmbH, DE, ein Teil von Springer Nature 2024
S. Kern, *Das Transformation-Management-Office – Deep Dive*,
https://doi.org/10.1007/978-3-662-69335-3_8

8.1   The Future needs „Empathy"

Wie kommuniziere ich mit wem?! Mich in andere Menschen hinein-
versetzen zu können, ist ein Future-Skill schlechthin. Wenn die Welt
immer komplexer und unsicherer wird, benötigt es mehr Menschlichkeit und Verständnis und dies gelingt nur mit einer guten **Portion Empathie**.

Empathie ist sowohl für den beruflichen wie auch für den privaten
Erfolg essenziell und dies wie erwähnt, wird in der Zukunft immer
wichtiger werden. Viele heutige Tätigkeiten können in Zukunft von
Robotern, Künstlicher Intelligenz und Co. übernommen werden, was
die Technik jedoch NIE übernehmen kann, ist das „**menschliche Miteinander**", die Gefühlsebene. Sie kaufen kein Produkt, das Sie „emo-
tional" nicht anspricht, auch wenn das Bestreben in der Business-Welt
immer noch sehr auf „Hard-Skills" ausgerichtet wird. Emotionen, Gefühle auszublenden und zu negieren ist nicht nur falsch, sondern eine
Einbahnstraße. Eine persönliche Beratung, sei es bei der Bank, beim
Arzt, in der Pflege, die auf die Bedürfnisse, Anliegen und vielleicht auch
Ängste der Personen eingehen kann, wird nie die Technik ersetzen können.

Deshalb geht Digitalisierung und Empathie in Zukunft Hand in
Hand und jeder, der sich dafür öffnet, wird ein Key-Player sein.

Wie erlangen wir Empathiefähigkeit?! Wir benötigen erst einmal Zugang zu unseren eigenen Gefühlen und Emotionen, erst wenn wir uns
selbst verstehen und Gefühle „verstehen", können wir unser Gegenüber
verstehen oder zumindest versuchen zu verstehen.

Um mehr Zugang zu uns finden zu können, benötigen wir Me-Time,
Auszeiten, in der Stille finden wir Klarheit und Zugang zu unseren Gefühlen, Zielen und Wünschen – also mehr Selbstwahrnehmung.

Empathiefähigkeit verbessern – Part I

- lernen zuzuhören
- Interesse zeigen – aufmerksam sein
- mehr in die Beobachterrolle schlüpfen

- das Gegenüber spiegeln – Gleich und Gleich gesellt sich gern!
- Verständnis – man muss nicht immer alles gutheißen, Verständnis reicht schon aus!

Empathiefähigkeit verbessern – Part II
Damit wir selbst noch mehr Zugang zu uns selbst finden können und dadurch die Empathiefähigkeit erweitert wird, gibt es weitere Möglichkeiten.

- der Kunst widmen – Bilder, Musik genießen
- selbst künstlerisch aktiv werden
- über den Tellerrand hinaus zu blicken und beispielsweise in den „Schuhen" eines anderen laufen – z. B. Job-Rollentausch  CEO tauscht mit Auszubildenen – da wird es sicherlich viele Aha-Momente geben!

8.2 Let's talk to SARA | Damit Feedback gelingt!

Empathie unterstützt eine gelungene Kommunikation. In Projekten, im Business oder im privaten Umfeld läuft nicht immer alles reibungslos. Insbesondere in Projekten, in denen stetige Verbesserung auf dem Projektplan steht, ist eine verständnisvolle und zielführende Kommunikation notwendig. In der agilen Arbeitswelt ist die Retrospektive ein Tool zur Verbesserung, wirkliches konstruktives Feedback zu geben, ist jedoch nicht so einfach. Damit es künftig gelingt, können wir uns beispielsweise das SARA-Modell zu Nutze machen. Der Umgang mit (konstruktiver) Kritik ist nicht immer einfach.

Kritik und negatives Feedback führt in der Regel zu 4 Reaktionsphasen – so das SARA-Modell. Das **SARA-Modell** wird in der Wissenschaft als Reaktionsspektrum auf negatives Feedback verstanden und führt dabei **4 Stufen** auf:

- **S**hock
- **A**nger
- **R**esistance
- **A**cceptance

Kritik, negatives Feedback bedeuten für den Betroffenen eine Achterbahn der Gefühle – in der Regel. Zeit für die Verarbeitung der negativen Gefühle wird benötigt, um dieses nachvollziehen und verstehen zu können, dazu dient das SARA-Modell

Kritik, negatives Feedback bedeuten für den Betroffenen eine Achterbahn der Gefühle – in der Regel. Zeit für die Verarbeitung der negativen Gefühle wird benötigt, um dieses nachvollziehen und verstehen zu können, dazu dient das SARA-Modell

1. Shock | Schock

Wir sind erstmal geschockt, wenn wir negatives Feedback erhalten. „Das stimmt doch nicht, das kann ja gar nicht sein!" – wir leugnen erstmal die Fremdwahrnehmung. In der Schock-Phase muss der Betroffene die Kritik erstmal verarbeiten, denn Eigen- und Fremdwahrnehmung differieren hier. Man ist überrascht über das Feedback, die Einschätzung, dass der Chef oder Kunde die eigene Leistung nicht als gut empfinden.

2. Anger | Wut

Wut stellt sich ein, wenn die Verarbeitung der Kritik beginnt und einem klar wird, dass die Kritik ernst gemeint ist. Die Verteidigung steht an – „Weil nicht sein kann, was nicht sein darf, muss die Schuld bei anderen liegen". Ein anderer Kollege muss für den Fehler „herhalten", der auf einen selbst zurückzuführen ist. Durch Wut und den Angriff auf andere fällt es zunächst leichter, mit der Situation umzugehen – ehrliche und kritische Selbstreflexion sind in dem Moment (noch) nicht möglich. Die Verantwortung wird abgeschoben.

3. Resistance | Widerstand

Ist die Wut erstmal verflogen, heißt es, auf in den Widerstand gegenüber der Kritik. Betroffene sträuben sich mit allen rhetorischen Mitteln und finden neue Gegenargumente und Gründe. Sätze wie „So bin ich halt …", „Es ist wie es ist, das kann ich nicht ändern …", „Nobody is perfect … ". Der Betroffene wehrt sich gegen einen Change und bleibt lieber in der eigenen Komfortzone. Er möchte sich nicht den Anforderungen oder Erwartungen unterwerfen, anstatt an sich, an einer Veränderung zu arbeiten.

4. Acceptance|Akzeptanz

Die Schlussphase ist die der Akzeptanz und die emotionale Kurve hat dort ein Ende. Die kritisierte Person akzeptiert die Kritik, das Feedback, und übernimmt die Verantwortung. In der Akzeptanzphase besteht Veränderungsbereitschaft und der Weg ist frei für einen konstruktiven Austausch. Die Phasen dauern unterschiedlich lange – je nach Kritikpunkt!

Der Ton macht die Musik!

Je destruktiver Feedback, Kritik geäußert wird, desto schwerwiegender verlaufen die Phasen. Konstruktive Kritik unterstützt das SARA-Modell und trägt dazu bei, dass die Akzeptanzphase früher erreicht werden kann. Kein Feedback mehr zu geben, wäre somit kontraproduktiv – Feedback dient der Motivation, um Ziele zu erreichen, und ebenso der eigenen Weiterentwicklung, sofern eine Offenheit dafür besteht!

Alles braucht seine Zeit

Hilfreich ist es, die entsprechenden Reaktionen zu verstehen und zu akzeptieren und sich auf ein Gespräch auch vorzubereiten. Die Phasen sind immer für alle Betroffenen gleich, sprich, eine Person reagiert emotionaler, die andere Person ist „cool" – Verständnis ist auch hier sinnvoll. Manche Kritik benötigt ihre Zeit der Verarbeitung, um dann in eine gewünschte Veränderung zu münden (siehe Abb. 8.1).

Schock Wut Widerstand Akzeptanz

Typische (negative) Reaktionen auf Feedback

Abb. 8.1 SARA-Modell ©Sylvia Kern 2024. All Rights Reserved

8.3   Jeder ist anders! | 4-Farben Kommunikation

Feedback will gekonnt und am besten empathisch kommuniziert werden. Die bedeutet, wenn wir in Beziehung zu anderen treten, ist es hilfreich, zuerst zu verstehen, wie wir selbst die Umwelt wahrnehmen, und zu verstehen, dass andere Personen, über eine andere Wahrnehmung verfügen. Die Menschen können zu einem Thema unterschiedlicher Ansicht sein und beide haben dennoch Recht, jeder aus seiner Sichtweise.

Wie wir etwas wahrnehmen, hat Einfluss auf unser Handeln und somit auf unsere sozialen Beziehungen. Oft gibt es zu wenig Verständnis für das Gegenüber, wir denken, unsere persönliche Wahrnehmung sei die einzige und alleinige Wahrheit.

Damit das Miteinander besser gelingt, ist es von zentraler Bedeutung, dass wir uns selbst gut kennen und ebenso über die weiteren Arten der Persönlichkeiten Bescheid wissen.

Durch diese Wahrnehmungserweiterung schaffen wir mehr Gestaltungsspielraum in der Kommunikation und somit im Verhalten. Zu Einordnung der unterschiedlichen Menschentypen, Verhaltensweisen und somit auch deren unterschiedliche Art der Kommunikation dient hierzu das sogenannte 4-Farben-Konzept. Eine Vielzahl von unterschiedlichen Büchern und Informationen greifen auf dieses Konzept zu, wie z. B., Max Lüscher (2005), Der 4-Farben-Mensch.

4-Farben-Verhaltensweisen

Roter Typ	Macher	Tatendrang, zielorientiert, veranlassend, schnell entschlossen
Blauer Typ	Analytiker	aufgabenorientier, nachdenklich, präzise, die Ruhe selbst
Gelber Typ	Expressiver	umgänglich, begeisterungsfähig, unternehmungsfreudig, auf andere zugehend
Grüner Typ	Teamplayer	sorgfältig, achtsam, teamorientiert, harmoniestrebend

4-Farben-Verhaltensweisen und Körpersprache

Roter Typ	direkter Blickkontakt, laute Stimme, geht energisch und schnell, kritische Mimik
Blauer Typ	wenig Blickkontakt, emotionslose Stimme, geht mit wenig Energie, ernste Mimik
Gelber Typ	freundlicher Blickkontakt, geht schwungvoll, raumergreifend, viel und interessierte Mimik
Grüner Typ	freundlicher Blickkontakt, ruhige Stimme, geht mit wenig Energie, passt sich an andere an, ermutigende und mitfühlende Mimik

4-Farben | Wirkung auf andere | POSITIV

Roter Typ	geradeheraus, fordernd, zielbewusst, entschieden, vorantreibend, durchsetzungsstark
Blauer Typ	vorsichtig, genau, bedacht, korrekt, hinterfragend, analytisch
Gelber Typ	unterhaltsam, umgänglich, initiativ, enthusiastisch, positiv, überzeugend
Grüner Typ	vertrauenswürdig, achtsam, einfühlsam, gelassen, geduldig, beständig

4-Farben | Wirkung auf andere | NEGATIV

Roter Typ	dominant, aggressiv, arrogant, intolerant, nicht zugänglich
Blauer Typ	kühl, gelangweilt, detailverliebt, unentschlossen, misstrauisch
Gelber Typ	überzogen, unstrukturiert, hektisch, unüberlegt, ausschweifend
Grüner Typ	passiv, zurückgezogen, unkorrekt, überempfindlich, verzagt

In der Matrix-Abbildung „4-Farben-Kommunikation", erhalten Sie einen kurzen und knackigen Überblick, über entsprechenden Verhaltensweisen der unterschiedlichen Farb- und Menschentypen (siehe Abb. 8.2).

8.4   Future Work needs Resilienz

Wenn morgen nichts mehr ist wie heute, brauchen wir innere Stabilität. Agilität, Anpassungsfähigkeit, Flexibilität benötigt Resilienz. Aber was genau bedeutet Resilienz? Wer widerstandsfähig ist und auch in herausfordernden Situationen – Krisen und Katastrophen – stark und erfolgreich ist, ist resilient. Resilienz ist die Fähigkeit, trotz dieser Herausforderungen Rückschlage zu überwinden und sogar gestärkt daraus hervorzugehen.

Die 7 Säulen der inneren Stärke
Grundlage einer widerstandsfähigen, resilienten Person ist ein starkes und belastbares Mindset. Dafür sorgen folgende 7 Säulen:

- **Akzeptanz & wahrnehmen**
  Eigene Grenzen erkennen, akzeptieren und belastendes loslassen (lernen) können
- **Selbstwirksamkeit & Achtsamkeit**
  Sich selbst erkennen (s. Kap. 8.3) und somit die eigenen Stärken und Schwächen erkennen

Verhaltensweise	Rot	Gelb	Grün	Blau
Blickkontakt	Direkt	Herzlich	Freundlich/beobachtend	Kurz und abschweifend
Reaktion auf Fragen	Direkt	Spricht frei heraus/offen	Langsam/zögerlich	Kurze Antworten
Stimme	Bestimmt/laut	Lebhaft/gefühlsbetont	Leise/emotional	Sachlich/gleichbleibend
Redet oft über	Ziele, Ergebnisse, Leistung	Ideen & Menschen	Probleme & Menschen	Details & Fakten
Schritt	Schnell & energisch	Schwungvoll & energisch	Gleichmäßig & wenig Energie	Beherrscht & wenig Energie
Erscheinungsbild	Businesslike	Gestylt & trending	Ungezwungen	Korrekt und konservativ
Stil	Bestimmend & schnell	Persönlich & vielfältig	Persönlich & constant	Strukturiert & vorbereitet
Wird irritiert durch	Ineffizienz, mangelnde Entscheidung	Nicht einbezogen werden, Routine	Mangelndes Einfühlungsvermögen	Überraschungen & Unvorhergesehenes
Uvm.	...	...	...	...

Abb. 8.2   4-Farben-Kommunikation © Sylvia Kern 2024. All Rights Reserved

- **Optimismus**
  Was tut gut, was tut weniger gut und das Negative auch mal beiseitestellen können
- **Verantwortung**
  Jeder ist für sich selbst verantwortlich – das eigene Potenzial erkennen und Kontrolle gewinnen.
- **Lösungsorientierung**
  Für jede Challenge gibt es eine Lösung – sich nicht den eigenen Emotionen hingeben, sondern proaktiv nach Lösungen suchen.
- **Zukunftsorientierung**
  Jeder ist seines Glückes Schmied, die eigene Zukunft proaktiv gestalten.
- **Kontaktfreude/Netzwerkcharakter**
  Das richtige Umfeld und Gleichgesinnte motivieren, inspirieren und geben Halt.

Methoden und Tools für mehr Widerstandsfähigkeit

- Meditation
- MBSR-Training – Anti-Stress-Training
- Sport
- Auszeit nehmen – Zeit in der Natur verbringen
- Einfach mal nichts tun
- Tanzen
- Humor – lachen
- Journaling

8.5 Klare Kommunikation und Reflexion = ERFOLG

Missverständnisse ade! Mit Empathie gelangen wir zu mehr Selbsterkenntnis und Menschenkenntnis und haben dadurch die Möglichkeit, eine Win–Win-Situation dank offener und klarer Kommunikation zu erreichen.

Zum Schluss des Kapitels rund um Kommunikation, gehen wir nochmal im Zusammenhang auf gelingende Projektkommunikation ein. Wie bereits geschildert, sprechen wir mit unterschiedlichen „Menschen-Typen" und dadurch ergeben sich Kommunikationshürden. Ohne konstruktive Kommunikation gelingt keine Zusammenarbeit im Projekt, deshalb sollte dies als ein zentraler Baustein im Projektmanagement verankert werden. Kommunikationsprozesse sind komplex, und Sender und Empfänger interpretieren die Themen jeweils aus deren Perspektive – dadurch entstehen Missverständnisse. Oder es findet kein direkter Dialog statt, sondern über die bekannten „fünf Ecken".

Erfolgs-Tipps für eine Win–Win-Kommunikation

- Kennen Sie sich selbst – welcher Menschen-Typ oder Misch-Typ sind Sie?!
- Lernen Sie die weiteren Kommunikationstypen kennen.
- Gehen Sie erstmal in die Beobachter-Rolle – welcher Kommunikations-Typ steht oder sitzt Ihnen gegenüber?
- Wenn ein Termin, Meeting ansteht, bereiten Sie sich vor, insbesondere vor „heiklen" Terminen, und überlegen Sie sich eine entsprechende Strategie.
- Reden Sie Klartext – insbesondere in Projekten ist eine transparente und vertrauensvolle Kommunikation für den Erfolg wichtig.
- Teilen Sie Informationen und holen Sie die entsprechenden Stakeholder ab und ins Boot – keiner wird gerne übergangen!
- Wertschätzung ein wichtiger Aspekt – zweifelsohne, dennoch müssen auch unangenehme Themen, die aufkommen, klar angesprochen werden können. Wie so häufig macht der Ton die Musik und auch hier gilt, welcher Menschtyp ist von der „Kritik" betroffen?
- Zuhören und dann darauf eingehen – permanent Gegenargumente einzuwerfen, ist wenig förderlich.
- Sie haben keinen „Gehörschaden", wenn Sie die Anliegen Ihres Gegenübers wiederholen. Paraphrasieren Sie, indem Sie das Gesagte in Ihre Worte kleiden und auch Raum für Rückfragen geben.

- Aufgaben, To-Dos zu delegieren ist oft nicht so einfach, wenn der Empfänger die Aufgabe anders interpretiert, deshalb beschreiben Sie die Aufgaben mit dem Ziel Outcome, also „weil", „damit". So werden User-Storys formuliert. Ein Entwickler spricht eine andere Sprache als der Anwender!

Konflikt mit dem inneren Kind!

Kennen Sie sicherlich auch, trotzige Reaktionen wie „Immer bin ich die-/derjenige …", „Immer bekomme ich die kompliziertesten Aufgaben" etc. – vielleicht sogar von sich selbst. Eric Berne, Autor von „Spiel der Erwachsenen" (2002), beschreibt dies in seiner Transaktionsanalyse, dass der Mitarbeiter in die Kind-Ebene abgerutscht ist, anstatt auf der rationalen erwachsenen-Ich-Ebene zu bleiben und entsprechend zu kommunizieren (siehe auch Kap. 12 – Beitrag von Iris Zeppezauer).

Anhand dieses Modells führen wir alle zusätzlich zum eigentlichen Gespräch einen inneren Dialog. Diese Zustände teilen sich in 3 Ebenen:

- Eltern-Ich
- Kind-Ich
- Erwachsenen-Ich

Selbst-Reflexion – so gelingt die Kommunikation!

Ohne eine gute Selbstreflexion, die Achtsamkeit voraussetzt, sind Missverständnisse vorprogrammiert. Wenn wir uns darüber bewusst sind, und Gespräche, Situationen, die etwas „holprig" oder „ungut" liefen, zu reflektieren und uns dabei in unser Erwachsenen-Ich zurückholen, gelingt im Anschluss daran die Kommunikation. Erfolgreiche Kommunikation zielt auf Augenhöhe ab, wir erarbeiten gemeinsam Problemlösungen und erreichen dadurch das Projektziel, ohne vorschnell in die „Kind-Ich-Trotz-Phase" zu geraten.

Metaebene und Reflexion

Auf der Metaebene zu kommunizieren heißt, wir nehmen die Vogelperspektive ein, auf das aktuell stattfindende Gespräch. Einleitend könnte die Frage sein „Wie sprechen wir gerade miteinander?", so lassen sich Probleme und Störungen bereits vor Eskalation beleuchten und gemeinsam besser lösen. Festgefahrene Situationen oder Diskussionen, in denen die Art der Kommunikation moniert wird, lassen sich durch die Metaebene rasch lösen bzw. in eine andere Richtung lenken.

Wir sind alle nur Menschen!

Nicht alles lässt sich planen und durch Verständnis wird akzeptiert, dass wir alle „nur" Menschen sind und jeder von uns sich weiterentwickeln darf, sofern die Bereitschaft vorhanden ist!

9

Warum (ERP-) Projekte wirklich scheitern!

Zusammenfassung Projekte scheitern, und das nicht selten! Die Gründe dafür sind vielfältig, Machspiele sind einer der häufigsten, bzw. sich beweisen zu wollen: eine Abteilung gegen die andere Abteilung, ein C-Level gegen den anderen C-Level. Das Ziel des jeweiligen Projektes wird dann häufig aus den Augen verloren. Ressourcen, Budget, Struktur und Strategie sind weitere Faktoren.

9.1 Gründe, warum Projekte scheitern!

Keiner will sie hören, die Wahrheit, und dennoch ist es den meisten bekannt, Projekte scheitern und das leider viel zu oft und viel zu viele. Dazu gibt es unzählige Artikel, Bücher. J. P. Kotter (8-Phasen-Modell) spricht von einem Scheitern von 70 % aller Projekte. Sicherlich lässt sich über diese Zahl trefflich streiten, dennoch scheitern zu viele Projekte.

Warum scheitern also so viele Projekte, IT-Projekte? – eines kann ich aufgrund meiner Erfahrung sagen, in der Regel ist es nicht die Technik.

© Der/die Autor(en), exklusiv lizenziert an Springer-Verlag GmbH, DE, ein Teil von Springer Nature 2024
S. Kern, *Das Transformation-Management-Office – Deep Dive*,
https://doi.org/10.1007/978-3-662-69335-3_9

Die Gründe im Überblick

- zu wenig Personal | zu wenige Ressourcen oder mangelnde Qualifikation/Expertise
- unrealistisches Budget
- Anforderungen, Ergebnisse sind nicht oder schlecht definiert
- zu viele Köche verderben den Brei! – fehlende Führung
- klare Rollenverteilung fehlt – Verantwortlichkeit ist nicht geklärt oder nur rudimentär
- klare Kommunikation fehlt bzw. unzureichende Kommunikation
- kein Projekt- und Zeitplan
- Testmanagement ist mangelhaft

9.2 Machtspiele – das K.O. für jedes Projekt!

Wer etwas bewegen will, benötigt „Macht" bzw. „Einfluss" und somit ist Macht überall anzutreffen und ist im Grunde nichts Schlechtes. Wer Einfluss und Macht innehat, erhält die Möglichkeit, Positionen einzunehmen und dadurch sein ganzes Potenzial (positiv) zu entfalten. So entfaltet Macht ihre wahrlich positive Seite. Aber leider gibt es auch die negative Seite der Macht, die bekannten Machtspiele, um anderen Schaden zuzufügen und um sich selbst zu erhöhen.

Werden Machtspiele im Unternehmen geduldet oder sind diese sogar gewollt, nach dem Motto, Konkurrenz belebt das Geschäft – bleibt oft der gemeinsame Projekterfolg auf der Strecke. Unnötig Energie, Zeit und Geld und auch Mitarbeiter werden verbrannt.

Mein Wille geschehe!
Machtspiele im negativen Sinne haben das Ziel, den eigenen Willen durchzusetzen. Dies geschieht, indem man Macht auf andere ausübt oder deren Einflussnahme abwehrt. Machspiele zeichnen sich durch bestimmte Regeln und Muster aus, typische Spielzüge, Spiele und Gegenspieler. Was allen Machtspielen gemein ist, ist eine Doppeldeutigkeit – es gibt immer einen WIDERSPRUCH zu dem, was man sagt, und dem, was gemeint ist.

Machspiel-Freie-Zone für Projekte!
Entscheidungen ja – jedes Projekt benötigt Entscheidungen, Machspiele, um das EGO auszuleben, sind fehl am Platz und schaden dem Projekt – das Ziel und das Ergebnis leiden darunter.

Umgang mit Machtspielen – Erkennen und Entwaffnen

- **Seien Sie vorbereitet** – auch wenn Sie Machtspiele absurd halten, etwas Vorhandenes zu leugnen, ist ebenso absurd. Wahrnehmen und lernen, damit umzugehen, ohne sich selbst zu verbiegen, das ist die Lösung und so können Sie Einfluss nehmen, um etwas zu ändern!
- **Selbstreflexion** – wie bereits in den vorherigen Kapiteln immer wieder beschrieben, lernen Sie sich selbst kennen und auch Ihre wunden Punkte. Je besser Sie sich kennen, desto besser können Sie sich wahrnehmen und sind für Machtspiele und Manipulationen immun.
- **Hören Sie auf Ihren Bauch, Ihre Intuition** – Achten Sie auf die Worte Ihres Gegenübers! Stimmen die Worte, das Gesagte, mit der Mimik, dem Verhalten überein?! Vertrauen Sie auf Ihr Gefühl!

Von der Leistungsgesellschaft zur Bewusstseinsgesellschaft
Moderne und agile Arbeitsweisen formen ein neues Umfeld, ein anderes Agieren, die Führungskraft sieht sich nicht als alleinige Welche, die die sogenannte „Macht" innehat – Macht, Entscheidung wird geteilt. Wo Komplexität zunimmt, kann die Verantwortung nicht mehr nur auf einer Person lasten.

Ebenfalls wird die Frage nach dem Sinn im Leben immer mehr gestellt, dies gilt sowohl für die Arbeitswelt wie auch für die Gesellschaft grundsätzlich.

Die Gesellschaft orientiert sich somit weniger an dem bisherigen Leistungsprinzip, sondern geht über in eine bewusstere Gesellschaft. Dies hat zur Folge, dass wir uns zwangsläufig mehr mit uns selbst beschäftigen und uns auch dem Wertesystem und den eigenen Gefühlen stellen.

Auch der Drang und der Wunsch, sein ganzes Potenzial auszuleben, sich selbst zu verwirklichen, ruft nach immer mehr Augenhöhe und die Machtspiele erscheinen immer weniger nützlich – nein, sogar hinderlich.

10

So gelingen Projekte | Die Erfolgsformel!

Zusammenfassung Vom Scheitern der Projekte über die erfolgreiche Umsetzung von Projekten: Im Grunde sind es einfache und klare Faktoren, die zum Projekterfolg führen, wer sie einhält, kann mit ERFOLG rechnen. Dass Projekte so einige Bergetappen in sich haben, ist jedem oder sollte jedem klar sein. Dennoch, wenn ein Projekt sorgfältig „aufgesetzt" wird und die wichtigsten Faktoren passen, dann läuft es auch – wie am Schnürchen! Passen die wichtigsten Parameter, haben Sie immer noch mit der ein oder anderen Unwägbarkeit zu kämpfen, die es zu lösen gilt – also räumen Sie zu Beginn Ihren Rucksack auf und beladen diesen dann strukturiert, effektiv und effizient!

10.1 Projekterfolgsschritte – Wissen ist Macht!

Projekte und das entsprechende Thema, Aufgabe etc. mögen unterschiedlich sein, dennoch sind bestimmte Rahmenbedingungen für den Projekterfolg entscheidend – nutzen Sie diese und bringen Sie Ihre Projekte mit Leichtigkeit über die Ziellinie! (siehe Abb. 10.1).

© Der/die Autor(en), exklusiv lizenziert an Springer-Verlag GmbH, DE, ein Teil von Springer Nature 2024
S. Kern, *Das Transformation-Management-Office – Deep Dive*,
https://doi.org/10.1007/978-3-662-69335-3_10

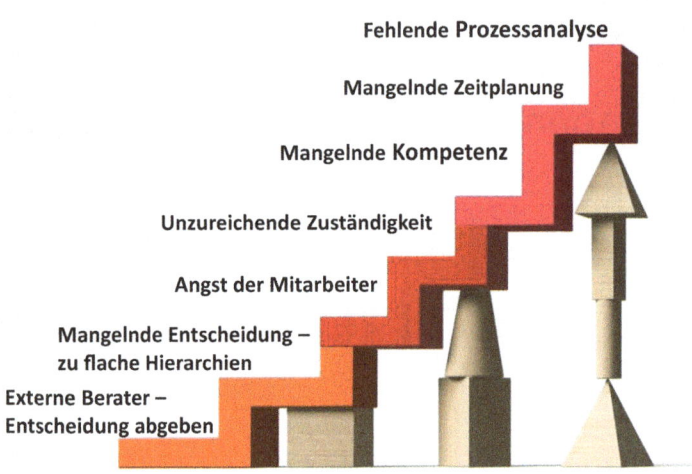

Abb. 10.1 7 Gründe, warum Projekte scheitern © Sylvia Kern 2024. All Rights Reserved

- Ängste der Mitarbeiter erkennen und diese ernst nehmen!
  - Nicht jeder Mitarbeiter liebt Veränderung oder manche sind grundsätzlich etwas vorsichtiger, gehen Sie auf diese Ängste ein!
  - ☹Kontrollverlust
  - ☺transparente Kommunikation
- Re- und Upskilling gegen mangelnde Kompetenz
  - In Zeiten des Fachkräftemangels wird es immer schwieriger, gute Mitarbeiter zu finden. Am besten klären sie VOR Projektstart, wer und welche Skills für das Projekt notwendig sind. Auf Basis dieser Skill-Matrix können Sie gezielt die Kompetenz der Mitarbeiter updaten oder upgraden.
  - ☹fehlendes Know-how
  - ☺Schulungskonzepte zur Kompetenzerweiterung & transparente Kommunikation

- Flache Hierarchien
  - Flache Hierarchien sind etwas Wunderbares, nur allzu flach dürfen sie nicht sein – es müssen Entscheidungen getroffen werden. Gibt es über die Entscheidungsfindung hinaus zudem zu viele Personen, die zu involvieren sind, hat dies Einfluss auf die Schnelligkeit bzw. Langsamkeit eines Projektes.
  - ☹Planung als Zeitfresser
  - ☺Zusammenstellung eines Projekt- und Entscheidungsteams
- Prozesse definieren | Analysephase umsetzen
  - Viel zu oft werden eine angemessene Analysephase und Prozess- aufnahme unterschätzt und im Verlauf des Projektes wird festge- stellt, dass einige Fehlentscheidungen getroffen worden sind, weil bestimmte Zusammenhänge nicht be- und erkannt wurden.
  - ☹Fehlentscheidungen und mangelnde Prozessaufnahme
  - ☺Lastenheft/Anforderungen fixieren für einheitliches Verständnis
- Klare Rollenverteilung inkl. Key-User
  - Entscheidungen müssen getroffen werden, Aufgaben müssen erle- digt werden und möglicherweise weitergereicht werden – ist dies nicht klar definiert, hat dies massive Einflüsse auf das Projekt.
  - ☹Fehlentscheidungen durch unklare Rollen und Zuständigkeiten
  - ☺Rollenmatrix, Rollen-Canvas etc. und Key-User-Konzept
- Klare und realistische Zeitplanung
  - Eine realistische Zeitplanung kann bei annähernd genauer Prozess- Aufwandschätzung erfolgen, nicht realisierbare Timelines sind definitiv nicht motivierend und ein GoLive mehrfach zu verschie- ben, steigert nicht gerade die Glaubwürdigkeit.
  - ☹Zeitverzögerung durch mangelnde Planung
  - ☺realistischer Zeitplan und Meilensteine/Teilschritte planen und feiern!
- Externe Berater und Beteiligte

– Externe Berater und Kooperationspartner sind unumgänglich und sinnvoll, auch ein temporärer Einsatz durch externe Berater – jedoch MUSS die Entscheidungskompetenz IMMER im Unternehmen liegen.

– ☹Entscheidungsgewalt wird abgegeben

– ☺Wichtige Entscheidungen werden SELBST getroffen!

Die Projekterfolgsschritte haben wir beleuchtet; ebenso wichtig ist es, die Gründe zu kennen, warum Projekte so häufig scheitern. Denn wer den Grund für einen möglichen Misserfolg kennt, der kann sich wappnen und bereits im Vorfeld sich eine entsprechende Erfolgsstrategie überlegen und das Risiko minimieren oder gar ausschließen.

10.2 Fragen-Check vor Projektstart!

Bevor Sie ein Projekt ins Leben rufen und starten, sollten Sie nicht nur über die Schritte für ein erfolgreiches Projekt Bescheid wissen, Sie sollten ebenfalls gewisse Rahmenbedingungen abklären.

Projekt-Fragen-Check

• Welches Geschäftsproblem ist zu lösen?
• Welche Daten, System und Tools werden benötigt, um das Projekt überhaupt realisieren zu können? (siehe auch diverse TMO-Kapitel aus diesem Buch)
• Verfügen wir über die entsprechende Infrastruktur? IT-Infrastruktur?
• Gibt es entsprechende Ansprechpartner oder Kooperationspartner für outgesourcte IT und weitere Themen?
• Wie ist der Erfolg zu messen? – siehe auch vorherige Kapitel zum Thema Ziel des Projektes – legen Sie Indikatoren fest/KPIs
• Wer sind die Entscheider und wie, in welchem Rahmen, sind die Erkenntnisse zu präsentieren? Wer ist die Zielgruppe?

- Testmanagement und Risikomanagement und ein Safety-First-Plan – wie wird dies umgesetzt? KeyUser von Anfang an einzubeziehen ist elementar, ebenso wie das Testen!
- Verfügen wir über genügend Mitarbeiter?

Dies sind nur einige von unzähligen Fragen, die es gilt, vorab zu klären – wenn Sie eine gute und angemessene Vorarbeit leisten, läuft das Projekt ebenfalls „strukturierter und erfolgreicher" und wenig holprig ab. Sie werden zudem im Projektverlauf nicht mit unzähligen Themen konfrontiert sein, die es gilt, „schnell mal zu lösen"! Agilität heißt nicht CHAOS!

11

Hands on | Templates – Canvas und Co

Zusammenfassung Jedes Unternehmen ist sicherlich anders – dennoch gibt es in Unternehmen die „gleichen" Prozesse und auch Notwendigkeiten. Für diese „gleichen Anforderungen" eignen sich Templates und Co., sie bieten den Beteiligten einen Rahmen und geben Sicherheit, nichts außer Acht gelassen zu haben. Des Weiteren ist das gewünschte Ergebnis, das erreicht werden soll, ebenfalls gesichert.

11.1 Management Canvas

Das Management Canvas eignet sich hervorragend, um einen guten ÜBERBLICK über Ihre Expedition zu erhalten. Sie definieren auf EINER Seite Ihr Ziel, die Herausforderungen, Aufgaben etc. Sie können ein Management Canvas ebenso nach Ihren Anforderungen selbst definieren. Es gibt Ihnen einen KLAREN BLICK und erspart Ihnen möglicherweise Extra-Meilen (siehe Abb. 11.1).

© Der/die Autor(en), exklusiv lizenziert an Springer-Verlag GmbH, DE, ein Teil von Springer Nature 2024
S. Kern, *Das Transformation-Management-Office – Deep Dive*,
https://doi.org/10.1007/978-3-662-69335-3_11

Coach ▨▨▨▨   Client ▨▨▨▨   Date ▨▨▨

2. Opportunities| Gelegenheiten	5. Goals | Ziele	4. Strengthen | Stärken
1. Risk | Risiko - Gefahren		3. Weaken | Schwächen
6. Plan of action | Maßnahmenplan		7. Monitoring | Check - überwachen

Abb. 11.1 Management Canvas ©Sylvia Kern 2024. (in Anlehnung an Anthony Holtz, Management Canvas, https://managementcanvas.de/, CC BY-SA 4.0)

Management Canvas – Fragen

- **Risiken**
  Für die Risikobewertung nehmen Sie, wie vorab in den Fragen aufgelistet, Ihr „Umfeld" unter die Lupe. Welche äußeren Faktoren haben auf Ihr Unternehmen Einfluss?
- **Gelegenheiten|Chancen**
  Welche Chancen können sich daraus auch wieder ergeben? Z. B. können durch eine Krise eine neue Zielgruppe oder ein neues Geschäftsmodell entstehen, die sich wiederum auch auf die Transformation auswirken, indem z. B. neue Kooperationspartner hinzugezogen werden, um das neue Geschäftsmodell zu digitalisieren. Gerne möchte ich hier auf den Teil der Transformation „Harmonisierung und IT-Landscape", siehe auch Abschn. 6.5 verweisen.
- **Schwächen**
  Was ist hier optional aufzuholen und zu verbessern in Bezug auf, Mitarbeiter-Skill-Set, Produkte, Dienstleistungen, ebenso hinsichtlich der Prozesse und deren Abläufe im Unternehmen?

- **Stärken**
  Was sind die absoluten Stärken, auch Alleinstellungsmerkmale von Unternehmen selbst, aber auch hinsichtlich z. B. der Mitarbeiter? Es gibt hier bestimmt eine Menge, die Sie von den Mitbewerbern abheben, oft ist ein Feedback von außen sehr hilfreich.
- **Ziele**
  Ziele, Ziele, Ziele – ohne Ziel kein Weg und kein Erfolg! Was ist der gewünschte Erfolg, was soll an Outcome generiert werden und wie würde dieser aussehen?
- **Maßnahmenplan**
  Der Maßnahmenplan legt die entsprechenden Meilensteine hin zum Ziel fest.
- **Überwachung | Monitoring**
  Die Maßnahmen müssen immer „überwacht" – geprüft werden, der Vergleich vom Ist zum Plan. Wie ist der Status, wo geht die Reise hin? Danach können Sie den entsprechenden Support hinzuzuziehen und nachjustieren. Wo und wie können bestimmte Kennzahlen und Größen für den Check festgelegt werden? Klare Rollenverteilung, damit die Verantwortung zur Prüfung gewährleistet ist.

11.2 Projekt Canvas | Projekt-Ziel

Alles auf einem Blick mit dem Projekt Canvas – Vision, Prozesse, Ziele und Ressourcen sowie Ihre Projekt- und Team-SetUps! (siehe Abb. 11.2).

11.3 Projekt-/Teamrollen Canvas

Welche Teams gibt es in Ihrem Projekt und welche Rollen – und welche Rolle hat welche Aufgabe und welches Ziel? Welche Rolle unterstützt wen, wer supportet und vieles mehr. Wie so oft wird im Projekt festgestellt, dass die Rollen und Ansprechpartner und auch die Unterstützer und Lösungspartner nicht klar bzw. gar nicht vorhanden sind. Klären Sie dies am besten im Vorfeld – dann läuft es im Projekt viel einfacher und entspannter! (siehe Abb. 11.3).

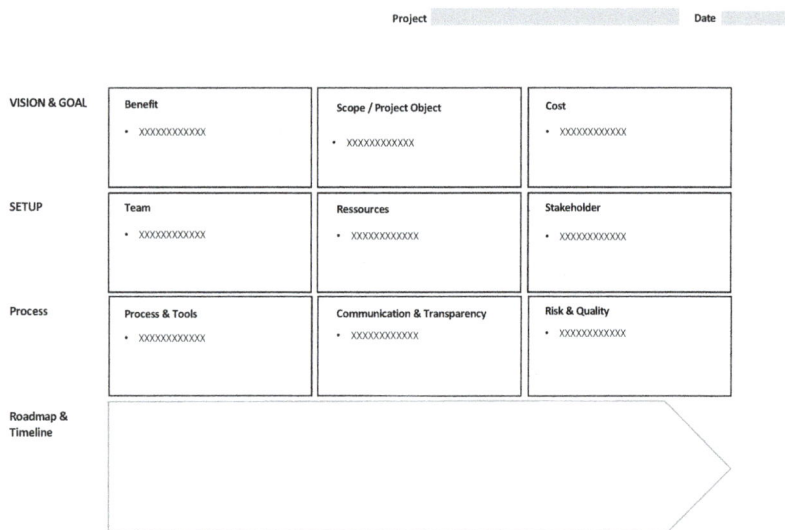

Abb. 11.2 Project & Business Goals © Sylvia Kern 2024. All Rights Reserved

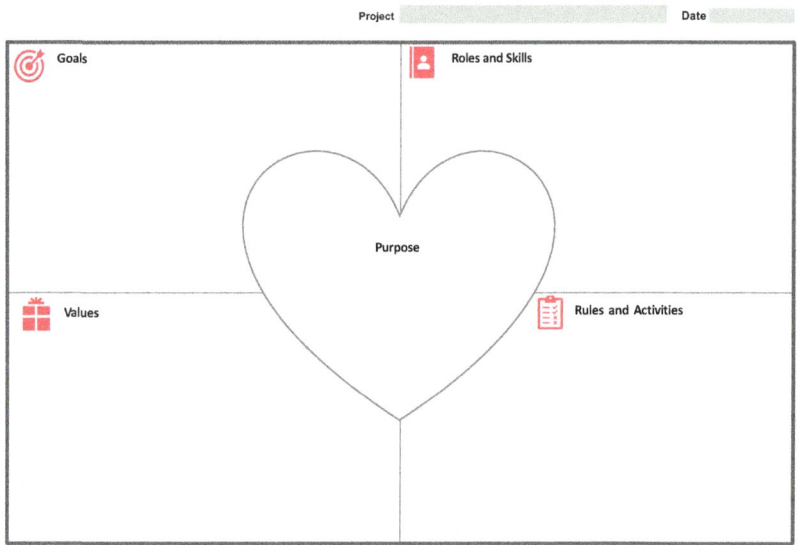

Abb. 11.3 Teamcanvas © Sylvia Kern 2024. All Rights Reserved

Sowohl in agilen Projekten wie auch in der agilen Arbeitswelt werden die Aufgaben nach „Rollen" verteilt. Auch die üblich bekannten Stellenbeschreibungen werden künftig immer weniger anzutreffen sein. Das Ergebnis und somit die entsprechende Rolle ist das Maß für den entsprechenden Verantwortungsbereich. Eine detaillierte Rollenbeschreibung ist somit für das Projekt wie auch für das Unternehmen und das Team von elementarer Bedeutung. Ziel jeder einzelnen Rolle ist es, es muss glasklar hervorgehen, welches Ergebnis, Outcome erzielt werden soll. Vorteil dieser Rollendefinition ist es, dass jeder Rolleninhaber für das Ergebnis verantwortlich ist und es keine Verantwortungsverschiebung – die so häufig, insbesondere in Projekten der Fall ist – eintritt. Zur Definierung der Rollen dient ein Role Model Canvas (siehe Abb. 11.4).

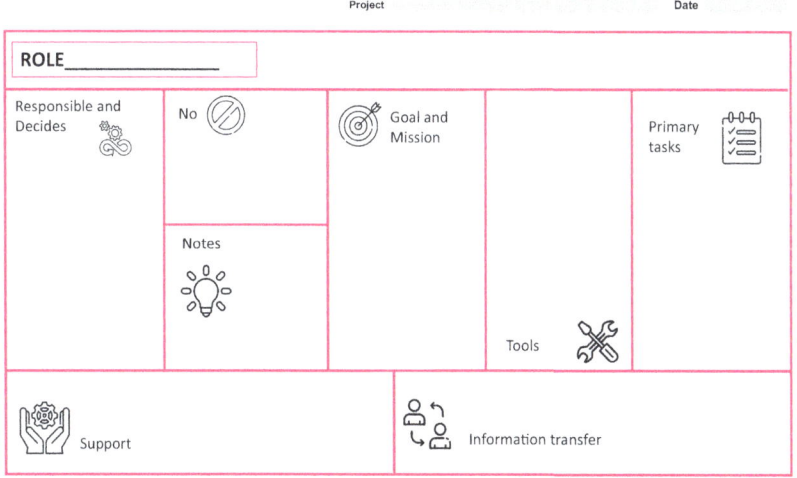

Abb. 11.4   Role Model Canvas © Sylvia Kern 2024. All Rights Reserved

11.4 Projekt-Templates | Analyse – In-/Out of Scope – Statusbericht

Kein Projekt ohne Projektplan – es gibt unterschiedliche Varianten, als Inspiration finden Sie hier zwei Optionen (siehe Abb. 11.5 und 11.6). Auch einen Statusbericht für den Lenkungsausschuss bzw. dem Steering Committee als Ideengeber finden Sie im Folgenden. Jedes Projekt, Team und SteerCo hat so seine eigenen Anforderungen, die Sie dementsprechend erweitern, ändern und aufgreifen können.

Ein Projekt verfügt in der Regel über einen Lenkungsausschuss und/ oder über ein Steering Committee. Das SteerCo ist die Entscheidungsinstanz für ein Projekt im Unternehmen. Das SteerCo setzt sich aus der Unternehmensführung sowie unterschiedlichen Stakeholdern und weiteren Interessengruppen und deren Vertretern zusammen. Das SteerCo erhält die wichtigsten Informationen aus dem Projekt in komprimierter Form. Hierzu ist z. B. ein SteerCo-1Pager als Summary äußerst hilfreich und sinnvoll (siehe Abb. 11.7).

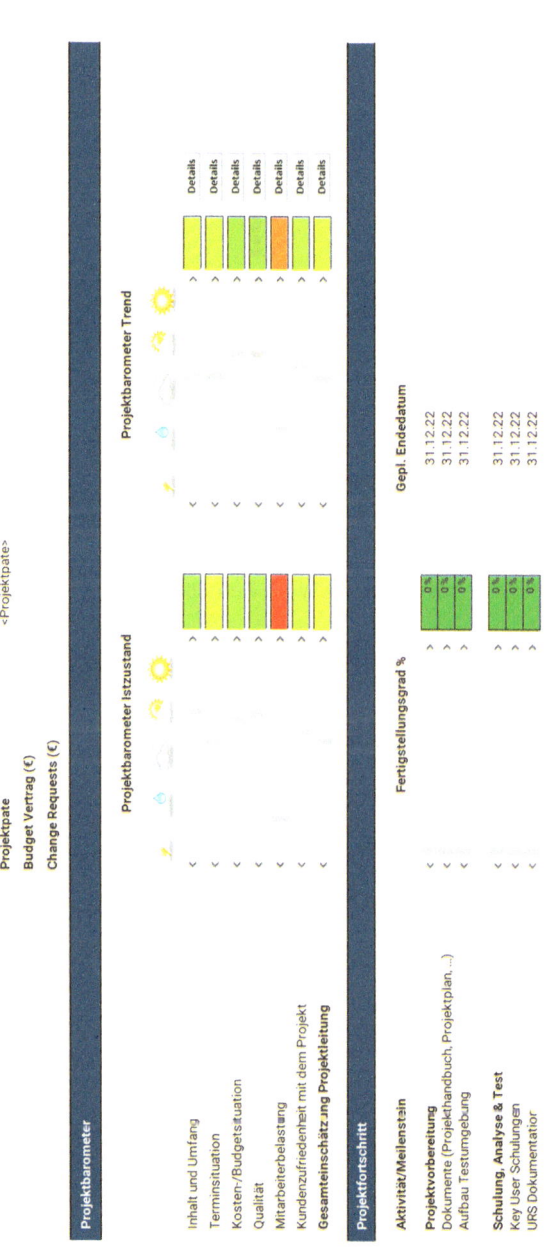

Abb. 11.5   Projektplan/Status Ampel   © Sylvia Kern 2024. All Rights Reserved

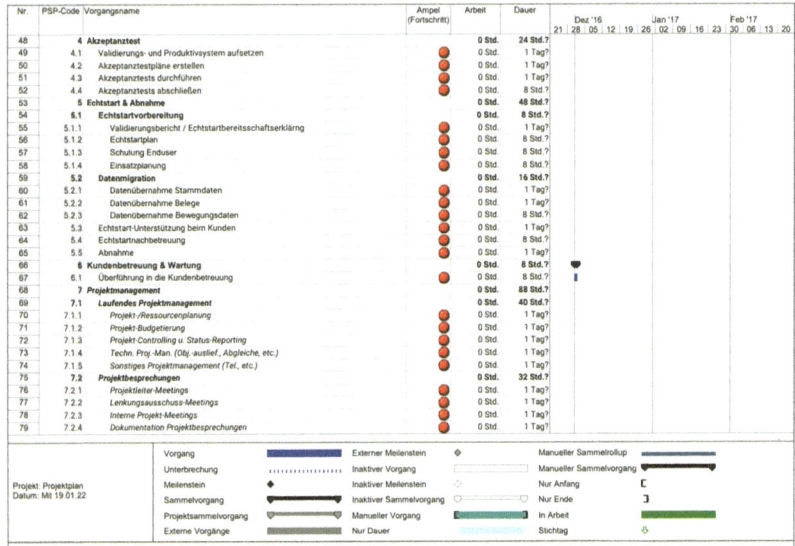

Abb. 11.6   Projektplan Ausschnitt   © Sylvia Kern 2024. All Rights Reserved

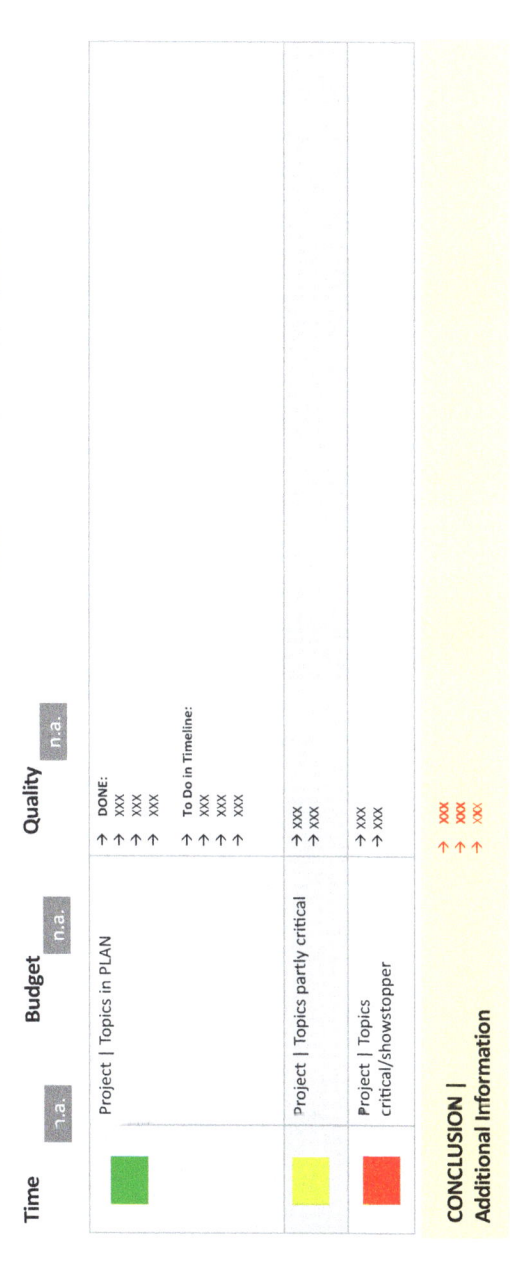

Abb. 11.7   SteerCo | Internal | Summary © Sylvia Kern 2024. All Rights Reserved

12

Real life | GASTARTIKEL | Impulse & Tipps

Zusammenfassung Papier ist geduldig, in der Praxis, im wahren Leben, sieht so manches anders aus. Dieses Buch ist mit viel Praxis-Know-how gefüllt, dennoch war und ist es mir noch ein Anliegen, Praxis-Know-how von der Front aus den einzelnen Bereichen von weiteren Experten Ihnen in diesem Buch mitzugeben. Wie gelingt es in einem Familienunternehmen, eine moderne Führung zu etablieren und Nachfolgeregelung zu treffen? Wie gelingt exzellente Kommunikation in Projekten?

Eines meiner Anliegen ist es, zu inspirieren und Impulse mitzugeben. Neue Impulse geben uns allen die Möglichkeit, uns stetig weiterzuentwickeln, um unser BESTES entfalten zu können, sowohl für jeden Einzelnen wie auch für die Gesellschaft und somit auch FÜR und IN Unternehmen. Viele Sichtweisen eröffnen uns neue Räume, nicht nur für mich, sondern auch für Sie als Leser. Deshalb gibt es für Sie in diesem TMO II Buch zu den wichtigen Zukunftsthemen weitere Gastartikel-Impulse von weiteren Zukunftsgestaltern. Ganz nach dem Motto von Steve Jobs, „Creativity is just connecting things".

© Der/die Autor(en), exklusiv lizenziert an Springer-Verlag GmbH, DE, ein Teil von Springer Nature 2024
S. Kern, *Das Transformation-Management-Office – Deep Dive*,
https://doi.org/10.1007/978-3-662-69335-3_12

12.1 Im Tandem steckt die Zukunfts-Power! Erfolgsimpulse vom „Tandem Leadership" – So sexy kann Befestigungstechnik sein!

Interview mit Gerda Söhngen, Christian Schmidt & Sylvia Kern
Wie modernes Leadership aussehen kann, erfahren Sie im nachfolgenden Interview-Artikel mit beiden Geschäftsführern der KEIL GmbH. Beispiele aus der Praxis benötigen wir, was funktioniert und was nicht. Vieles liest sich gut und in der Theorie sieht vieles sehr verständlich aus, doch die Praxis lehrt uns häufig etwas anderes. Erfahren Sie vom KEIL-Tandem-Leadership, wie Tandem-Geschäftsführung im Business gelingt!

Über Keil Befestigungstechnik GmbH

Das Familienunternehmen „Keil Befestigungstechnik GmbH" aus dem Oberbergischen Land ist ein führender Hersteller von Befestigungstechnik für Fassadensystemen.

Die Keil-Power
Trist war gestern! Wer spannende Fassaden möchte, setzt auf die Keil Befestigungstechnik (Hinterschnitttechnik). Dank dieser Technik können Architekten sich kreativ austoben, ohne bei Sicherheit oder Optik Abstriche zu machen. Denn das Keil-System hält nicht nur, was es verspricht und verbindet.
Nicht nur die Technik verbindet, auch das Unternehmen verbindet! Wertegerüst des Traditionsunternehmens sind:

Familiär und verbunden
Zuverlässig und belastbar
Vielseitig und einfach
Ästhetisch und präzise
Nachhaltig und effizient

Alles in Allem, genau das richtige System- und Skillset für die Zukunft. Dies gilt auch für die Mitarbeiter und einer modernen Unternehmensführung, die im Tandem unterwegs ist. Ego-Spielchen?! – fehl am Platz, hier gibt es einen gemeinsamen Raum und Rahmen, wo die täglichen Herausforderungen mit einem starken Keil-Team tag täglich aufs neue umgesetzt werden – Schulter an Schulter. Lust das Tandem-Leadership Gerda Söhngen und Christian

Schmidt kennenzulernen? Dann viel Spaß, mit dem Artikel zum geführten Interview.
   Webseite: https://www.keil.pro/
   Gerda Söhngen: https://www.linkedin.com/in/gerda-s%C3%B6hngen-a1b90998/
Christian Schmidt: https://www.linkedin.com/in/christian-schmidt-314472185/

Gerda Söhngen & Christian Schmidt (© Rosa Weigl)

Interview und Gastartikel – How-to

Im November 2023 hatte ich das Vergnügen, beide Geschäftsführer persönlich via Video-Call kennenzulernen. Wie bin ich nun auf die Keil-Power gestoßen? Über einen Artikel von Gerda Söhngen im Magazin „Der Zeit für Unternehmer" wurde ich auf das Unternehmen und beide Geschäftsführer aufmerksam. Dank LinkedIn geht eine Vernetzung heutzutage fix und Gerda Söhngen war ebenso fix mit einer sympathischen Rückmeldung. Was mich in dem Artikel in der Zeit für Unternehmer besonders angesprochen hat, war das offene Mindset, wer eine Tischtennisplatte als Schreibtisch sein eigen nennt, wie Gerda Söhngen es tut, ist eine hervorragende Inspirationsquelle. Ebenso nahm ich ihre Anliegen wie Wertschätzung und Menschlichkeit mit Freude wahr. Zu einem Tandem benötigt es natürlich die perfekte Ergänzung und die wurde mit Christian Schmidt gefunden. Man könnte nun meinen, dass Gerda Söhngen die Person wäre, die ein gewisses Chaos schätzt – unconscious bias (unbewusste Voreingenommenheit) lassen grüßen – nein, sie schätzt Struktur und Christian Schmidt vermag lässig in chaotischen Situationen die Strippen ziehen. Alles in allem, ein gelungenes Leader-Team!

Tandem Leadership – Wer sind diese Vorreiter?
Gerda Söhngen stieg in das Unternehmen ein, das ihre Eltern aufgebaut haben. Der anfängliche Start stellte sich jedoch etwas holprig dar, wie so häufig, dass die Zusammenarbeit unterschiedlicher Generationen eine Herausforderung bereithält. Gerda Söhngen stieg aus, machte sich selbständig, um dann wieder erneut in das Unternehmen Keil einzusteigen, um dann die Unternehmensnachfolge im Tandem weiterzuführen. Für Gerda Söhngen war es nicht nur wichtig, sondern ein MUST, das Unternehmen im Duett, wie ihre Eltern weiterzuführen.

Somit begab man sich auf die Suche und ein pfiffiger Headhunter fand die perfekte Ergänzung – Christian Schmidt.

Christian Schmidt der auf eine erfolgreiche Karriere in der Konzernwelt zurückblicken kann und das Gestaltungs- und Umsetzungsgen ebenso wie Gerda Söhngen im Blut hat. Dieses Konzern-Know-how bietet für das Familienunternehmen, das ebenfalls global tätig ist, eine großartige Kombination.

Wie ein Tandem und auch ein Leadership-Tandem funktionieren kann, zeigen diese beiden Geschäftsführer, sie leben, was sie sagen. Damit ein Tandem erfolgreich agieren kann, müssen Aufgaben und Rollen definiert sein und das Wissen um die eigene Persönlichkeit ist gleichfalls elementar. Denn im Tandem, ähnlich einer Beziehung, fliegen ab und an die Fetzen. Wie diese zu lösen sind und mehr Verständnis für das Gegenüber zu entwickeln, holte sich das Duo einen gemeinsamen Coach an Bord. Jede neue Herausforderung bietet uns Chancen an uns zu wachsen, wer sich dem stellt und offen für Support ist, wird neue Chancen erkennen und neue Türen für sich erschließen können.

Wieviel Agilität & modernes Leadership verträgt ein Familienunternehmen?

Keil Befestigung ist ein Unternehmen mit langjähriger Tradition und wird nun in der dritten Generation geführt. Das Unternehmen ist seit den 80´er Jahren global tätig und dadurch natürlich mit mehr Offenheit ausgestattet. Dennoch ist es eine Herausforderung für ein Unternehmen und dessen Mitarbeiter, wenn ein agiler, moderner Tandem-Wind durch ein Traditionsunternehmen weht. Beide Geschäftsführer stehen für Freiraum und geben den Mitarbeitern die größtmögliche Freiheit zu gestalten. Beide mussten jedoch auch feststellen, dass nicht jeder Mitarbeiter mit so viel Gestaltungsfreiraum umgehen kann. Es benötigt eine gewisse Struktur, für den einen mehr, für den anderen weniger. Beide vereinen die Reflexion und sehen vermeintlichen „Fehler" im Daily Business durch „ausprobieren" (Fehlerkultur) als Weiterentwicklung, an sich und an dem Unternehmen. Das nennt man auch in der agilen Welt, iterative Vorgehensweise. Im modernen Leadership gilt hier, man führt jeden Mitarbeiter anders und eben nicht gleich. Und dies stellt heutzutage und in Zukunft die modernen Führungskräfte vor vielen neuen Herausforderungen in Sachen „Menschenkenntnis".

Der Mix macht es!

Das künftige Können von Führungskräften und Mitarbeitern ist, einen guten Mix zu finden, sowohl in Sachen Führung wie auch in Sachen agilen Methoden. Nicht jedes Tool und jede Methode passt zum jeweiligen Unternehmen, so ist es auch bei Keil. Wenn die täglichen Aufgaben besser strukturiert und abgewickelt werden sollen, sucht man gemeinsam nach Methoden & Tools oder stellt den Mitarbeitern frei, etwas einfach mal „auszuprobieren", um den Prozess iterativ an das Unternehmen und dessen Bedürfnisse anzupassen!

Keil-Tandem-Tipp: „Einfach mal ausprobieren und mutig sein"

Von wegen Fachkräftemangel und Mitarbeitersuche!
Ein Unternehmen, das sich „gefunden" hat und eine klare Positionierung und ein für sich definiertes Wertegerüst aufweisen kann, muss sich keine Sorgen um die richtigen Mitarbeiter machen. Keil findet für sich die passenden Mitarbeiter und ist damit ein Anziehungsmagnet. Die motivierten und passenden Mitarbeiter finden zu Keil Befestigungstechnik. Man könnte vielleicht auch sagen, es fügt sich das zusammen, was zusammengehört, zu rechten Zeit am rechten Ort. Sicherlich ist ein wichtiger Punkt der Firmenphilosophie, die Menschlichkeit – wo die Welt und die Arbeitswelt immer komplexer wird, benötigt es ein MEHR an Menschlichkeit, Unternehmen, die dies erkennen, werden ihre offenen Stellen mit den besten Mitarbeitern besetzen können. Ein MEHR an Menschlichkeit bedeutet, dass in den Unternehmen, wie auch in der Gesellschaft, die Ego-Ellenbogen etwas weicher werden dürfen, um mehr Raum für ein menschlicheres Miteinander zu ermöglichen.

Feedback nicht nur für Mitarbeiter, auch fürs Tandem!
Die richtigen Mitarbeiter hat Keil für sich gefunden und weiß, um deren Vielfalt und Potenzial. Mittels jährlichen Feedbackgespräche wird offen kommuniziert, was gut läuft und auch was weniger gut läuft. Auch die Mitarbeiter haben die Chance, offen zu kommunizieren, wenn das Tandem Leadership für manche Mitarbeiter „zu wenig Struktur/ Framework" anbietet – wenn es zu viel Freiraum gibt. Es wird auf allen Ebenen und Bereichen eine wirkliche „Fehlerkultur" gelebt, die nicht als Mangel und Scheitern angesehen wird, sondern als Ent-Wicklungsprozess.

Butter bei die Fische – Digitalisierung und Familienunternehmen!
Digitalisierung steht auch bei Keil auf der Agenda. Die Unternehmensprozesse werden erfolgreich mit einem ERP-System umgesetzt. Wo noch Bedarf besteht, ist beispielsweise ein CRM-System. Systemumstellungen benötigen immer auch ein gewisses Budget. Diese Thematik stellt jedes Unternehmen, vor allem im KMU-Bereich vor die Herausforderung. Sprich, manche Digitalisierungs-Projekte werden nicht nur bei Keil, sondern auch in anderen Unternehmen hinsichtlich des Budgets auf- und verschoben.

Netzwerkgedanke und Fazit

Nachdem die Digitalisierung, agiles Arbeiten, Fehlerkultur, Innovationskraft, neues ausprobieren, nicht nur für Keil Befestigungen ein Thema ist, wäre es sicherlich hilfreich, hier den Netzwerkgedanken, sprich Co-Creation mehr und mehr im KMU-Bereich zu leben. Als Gerda Söhngen mit der Nachfolge vor einigen Herausforderungen stand, entstand auch die Idee, hier ein Netzwerk, eine Community ins Leben zu rufen, sich gegenseitig auch außerhalb des eigenen Unternehmens zu supporten. Die Zukunft wirft immer mehr den Netzwerk-Gedanken hervor und richtet sich auf einen WIR-Faktor aus. Wo Komplexität Einzug hält, benötigt es vielfältige Sichtweisen um zu Lösungen, Innovationen und Veränderungen zu gelangen. Will heißen, dass der künftige Konkurrenzkampf und starres Wettbewerbsstreben weichen darf und gemeinsam, Unternehmens- und branchenübergreifend kooperiert werden darf und muss. Die Zukunft entscheidet dann nicht mehr hauptsächlich das jeweilige Produkt, sondern viel mehr die Story, was und wer dahintersteckt und wie innovativ ein Unternehmen ist, um sich schnell und flexibel an die Umstände anzupassen.

Aus meiner persönlichen Perspektive kann ich sagen, ich hatte den Eindruck mit einem modernen Mode- oder Sportlabel in Kontakt zu treten und nicht mit einem traditionellem Befestigungstechnik-Unternehmen – ergo, liefern Sie gute Produkte und schaffen Sie ein Erlebnis, kreieren Sie eine, Ihre Story, seien Sie flexibel und anpassungsfähig, um die künftigen Chancen, die uns geboten werden, erfolgreich nutzen zu können.

Ich bedanke mich recht herzlich für das Interview mit dem Keil-Erfolgs-Leadership-Tandem Gerda & Christian!

12.2 Iris Zeppezauer | Future Skill „Kommunikation" | Warum der Wandel nur mit Klarheit gelingt

Die vorherigen Kapitel, insbesondere Kap. 8, das im Speziellen auf die Themen, Empathie – Feedback & Kommunikation eingeht, machen mehr als deutlich, wie wichtig eine exzellente Kommunikation ist. Jedes Projekt, jeder Auftrag, jeder Change, jede Transformation lebt von einer guten Kommunikation, sofern Erfolg auf ihrer Agenda steht. Für eine erfolgreiche und exzellente Kommunikation steht Iris Zeppezauer. In ihrem Gastartikel gibt sie Ihnen Deep-Dive-Know-how, wie Kommunikation im Wandel gelingt und wie Kommunikation als Erfolgs-Booster für Ihre Transformation effektiv eingesetzt werden kann.

Iris-Zeppezauer ©Kneidinger-Photography

Über die Autorin Iris Zeppezauer

Iris Zeppezauer ist Wirtschaftswissenschaftlerin, Autorin und Hochschuldozentin. Seit 2017 führt sie ihre Unternehmensberatung SEKUNDE EINS. Die ausgewiesene Kommunikations- und Verhaltensexpertin arbeitet mit Persönlichkeiten, die ihre Meinung klar, aber wertschätzend transportieren müssen – auch in unangenehmen Situationen. Iris Zeppezauer war viele

Jahre in leitenden Positionen tätig und bringt aus ihrer Erfahrung heitere Anekdoten und berührende Fallbeispiele, die sie in exklusiven Coachings, Seminaren und Vorträgen zum Leben erweckt. Mit ihrem Programm wird Iris Zeppezauer von Unternehmen, Entscheidungsträgern und Medien geschätzt. Sie ist Professional Member der German Speakers Association und arbeitet auf Deutsch und Englisch.

Iris Zeppezauer, Oktober 2023

LinkedIn: https://www.linkedin.com/in/iriszeppezauer/?originalSubdomain=at

Website: https://www.sekundeeins.at/

12.2.1 Was wird hier gespielt?

Alle sprechen von Transformation. Es muss sich etwas tun, wir müssen am Puls der Zeit bleiben. Agil, flexibel, hybrid, lean und nachhaltig – die Worte dafür sind reichlich und werden so oft bedient, dass unser Gehirn sie häufig einfach durchschleust und gar nicht registriert.

Dabei ist es den Unternehmen so wichtig, ihre Mitarbeitenden[1] auf die Dynamik des Marktes und die rasante technologische Entwicklung einzuschwingen.

Woran liegt es, dass Führungsverantwortliche oft das Gefühl haben, ihr Team ist zäh wie altes Kaugummi? Viel Energie wird in Motivation gesteckt, die von außen den gewünschten inneren Erfolg bringen soll. Wider besseres Wissen, denn schließlich ist bekannt, dass Motivation, wenn sie nachhaltig sein soll, nur intrinsisch wirken kann.

In diesem Beitrag möchte ich Sie mitnehmen auf eine Reise durch Kommunikation und Verhaltensökonomik. An den Stationen unserer Reise sehen wir uns an, was Menschen ins Tun bringt, warum Kommunikation gezielt gestaltet, werden muss und wie es funktionieren kann, Klarheit und ein Ja zur Transformation in der Unternehmenskultur zu

---

[1] **Geschlechtergerechte Sprache und Semantik:** In diesem Beitrag möchte ich mit Ihnen, liebe Leserin, lieber Leser, meine Erfahrungen teilen und Ihnen praxisnahe Beispiele vermitteln. Um die Lesbarkeit zu erleichtern, wird gelegentlich nur die weibliche oder männliche Form verwendet. Natürlich sind immer alle Geschlechter angesprochen.

etablieren. Wir werden gemeinsam einen Blick auf digitale Prozesse werfen – ohne den Menschen dahinter zu übersehen. Wir werden Hürden begegnen, denn der Mensch lässt sich nicht einfach auf Transformation programmieren. Widerstände entstehen, wenn kein klares Ziel und kein klarer Nutzen erkennbar sind.

Lassen Sie uns also gleich zu Beginn das Reiseziel festlegen: Ein Überblick über eine der wesentlichsten Future Skills: Kommunikation – und wie Sie Ihre Kompetenz stärken, um sich selbst und die Menschen in Ihrem Umfeld für den Wandel zu begeistern.

Denn die Kommunikation folgt immer der gleichen Regel: Wenn Sie sie nicht gestalten, tun es andere. Wer aktiv agiert, führt. Dazu brauchen Sie allerdings selbst einen Plan und ein Ziel. Man fährt schließlich immer dorthin, wohin man schaut. Wer auf der Fahrt noch sucht, verirrt sich schnell – und mit ihm die anvertrauten Personen.

Nehmen Sie Ihre Kommunikation in die Hand und starten Sie mit mir in die folgenden Seiten.

12.2.2 Die Digitalisierung erledigt das: Ein Fehlschluss

Während in den vergangenen Jahren alles unter den Mantel der Digitalisierung gestellt wurde, haben sich in Unternehmen erstaunliche Trends entwickelt. Mit dem Einzug der Pandemie Anfang 2020 wurde plötzlich ein unfreiwilliges Audit der digitalen Prozesse durchgeführt. Die Kommunikations- und Organisationsstrukturen wurden auf Herz und Nieren geprüft – bei vielen mit einem ernüchternden Ergebnis.

Rasch stellte sich heraus, dass die Fortführung der Geschäftstätigkeit nur mit einer massiven Aufrüstung der Technik und der Rahmenbedingungen möglich ist. Also schaffte man Geräte, Verträge zur Heimarbeit und eine entsprechende Infrastruktur. Und die Menschen? Die würden sich schon anpassen.

Heute wissen wir viel mehr. Bereits ein Jahr nach Ausbruch der Pandemie hat der Stifterverband (2021) in Zusammenarbeit mit dem Beratungsunternehmen McKinsey & Company seine Auflistung der wesentlichsten Future Skills neu überarbeitet. Dabei wurden die transformativen Kompetenzen wie Dialog-, Konflikt- und Urteilsfähigkeit besonders hervorgehoben. Denn Komplexität braucht Klarheit. Was klingt wie ein Paradoxon, wird schnell deutlich, wenn wir uns die folgende Geschichte ansehen.

Die Sache mit den Menschen

In einem Industrieunternehmen, mit dem ich damals zusammenarbeitete, war im ersten Lockdown 2020 plötzlich der gesamte Außendienst ohne Tätigkeit. Nach einigen Tagen war auch die letzte Büroarbeit, Spesenabrechnung und Vertriebsstatistik erledigt. Das Team fand sich zwar bestens verbunden per Videokonferenz und Messenger – allerdings gab es ob der mangelnden Prognose wenig Fachliches zu besprechen. Also versuchte der Vertriebsleiter, sein Team bei Laune zu halten. Es wurden tägliche Meet-ups mit Yogaeinheiten und Impulsen der Teammitglieder gestaltet. Jedes Mitglied war einmal dran, etwas Privates oder eine Kompetenz aus dem persönlichen Leben in das Meeting einzubringen.

Der Vertriebsleiter agierte rein intuitiv, ganz ohne kluge Literatur und Tutorials – die es damals zu diesem Ausnahmezustand noch nicht gab. Er wusste, dass er die Stimmung und Motivation im Team nicht würde halten können, wenn er nicht auf die Menschen einging. Er tat das, was in allen bedeutenden kommunikationspsychologischen Konzepten proklamiert wird: Erst den Menschen einbeziehen, dann die Sache.

Wir orientieren uns an Menschen, schaffen Beziehungen und müssen zuerst Sicherheit und Vertrauen empfinden, bevor wir uns mit der Sache beschäftigen können. Das beginnt damit, dass unser Hirn eine Art Quickscan vornimmt, wenn wir mit anderen Menschen zusammenkommen. Im Bruchteil einer Sekunde erfasst das Auge unser Gegenüber. Das intuitive System unseres Gehirns scannt sofort:

Erstens – kann ich dieser Person vertrauen?

Wir loten sofort aus, ob von einer Person eine mögliche Gefahr ausgeht. Dazu wird das Gesehene in Millisekunden mit Erfahrungswerten im Schema „Freund oder Feind" abgeglichen.

Zweitens – ist mir diese Person über- oder unterlegen?

In jedem Sozialsystem befinden sich Menschen mit Hoch- und Tief-status. Rasch entscheidet sich, wer die Führung übernimmt, wer unter-stützt und wer lieber im Hintergrund bleibt.

Drittens – finde ich diese Person sympathisch?

Zwar ist heute der erste Eindruck in der Geschäftswelt nicht mehr für das Paarungsverhalten relevant. Dennoch entscheiden wir unwillkür-lich, ob uns eine Person sympathisch ist oder nicht. Das hat gravieren-den Einfluss auf das weitere Gruppen- und Gesprächsverhalten.

Diese Fragen werden im Bruchteil einer Sekunde geklärt, erst dann kommt das zweite System im Hirn zum Zug. Dieses versucht, salopp gesagt, objektiv zu sein und die doch sehr rasch erlangte Erkenntnis zu überprüfen. Objektiv zu sein bedeutet, die entstandene kognitive Disso-nanz ins Reine zu bringen – fast immer mit dem Ergebnis, dass die Er-steinschätzung gestimmt hat. Der Nobelpreisträger und Verhaltensöko-nom Daniel Kahneman (2012) beschreibt diesen Effekt in seinem Buch *Schnelles Denken, langsames Denken* als WYSIATI: What You See Is All There Is. Unser erster Eindruck findet vor allem über das Auge statt und löst alle folgenden Einschätzungen aus. Diese sind nicht immer richtig, haben unserer Spezies aber langfristig das Überleben gesichert.

Wer sich dessen bewusst ist, der kann aktiv agieren und seinen ers-ten Eindruck, die Begegnung von Mensch zu Mensch, gestalten. Wie unser Vertriebsleiter, der die Beziehungsebene gestärkt hat und dem es dadurch gelungen ist, sein Team ohne gröbere Konflikte und Personal-verluste durch die Pandemie zu bringen.

Wir loten sofort aus, ob von einer Person eine mögliche Gefahr aus-geht. Dazu wird das Gesehene in Millisekunden mit Erfahrungswerten im Schema „Freund oder Feind" abgeglichen.

Ersetzt künstliche Intelligenz die menschlichen Kompetenzen?

Heute sind wir bereits einige Schritte weiter. Die aktuelle Diskussion, welche Kompetenzen wir jetzt und in Zukunft an künstliche Intelligenz auslagern können, ist in vollem Gange. Wer KI zu Recherche- und Pro-duktionszwecken einsetzt, weiß es bereits: Die Qualität der Resultate hängt auch von der Qualität der Aufträge beziehungsweise Fragen ab. Künstliche Intelligenz kann uns prozessorientiert zu Ergebnissen führen, allerdings geben wir ohne klare Anweisungen auch die Führung ab.

Haben Sie schon einmal versucht, einen persönlichen Konflikt mit dem Partner oder einer Arbeitskollegin mithilfe von ChatGPT zu lösen? Sie werden von der künstlichen Intelligenz auf alle Fälle einen Leitfaden und viele brauchbare Tipps erhalten, wie Sie es angehen können. Das Gespräch müssen Sie dennoch selbst führen. Denn künstliche Intelligenz kann bis dato noch nicht die zwischenmenschlich und schon gar nicht die nonverbale Ebene ersetzen.

Was bedeutet nonverbal? Das sind alle Signale, die wir aus dem Erscheinungsbild, der Haltung, Mimik und Gestik sowie aus der Stimme wahrnehmen. Passen diese Signale nicht zum Inhalt des Gesagten, entsteht beim Empfänger sofort ein Vertrauensbruch. Überlegen Sie einmal, auf wie viele Arten Sie Ihrem Gegenüber sagen können: „Das hast du gut gemacht."

Wir lesen die Absicht des anderen schon aus den nonverbalen Zeichen, bevor überhaupt ein Inhalt gesprochen wird. Deshalb sind unsere wachsamen Sinnesorgane immer einen Schritt voraus: Mit Augen, Ohren, Geruchs- und Tastsinn verschaffen wir uns einen Überblick und eine Einschätzung. Künstliche Intelligenz spricht vor allem unsere pragmatischen Fähigkeiten an – es sei denn, sie wird in emotionalere Kleider gesteckt, zum Beispiel Musik, Illustrationen oder Videos.

Achten wir darauf, KI zu unserem Nutzen einzusetzen – ohne auf die Wahrnehmung und das Bedürfnis nach anderen Menschen zu vergessen.

12.2.3 Sei begeistert! Wie wir Mitarbeitende für den Wandel gewinnen

Nun stehen Unternehmen unter dem Druck, auf die hochdynamischen Entwicklungen der Digitalisierung zu reagieren. Wer schon einmal ein Business gegründet hat, weiß es: Es gibt weitere Marktteilnehmer, der Wettbewerb ist hoch, wer nicht am Puls der Zeit ist, bleibt auf der Strecke.

Also: Her mit begeisterten Mitarbeitenden, die sich für die neuesten Technologien einsetzen und vorausschauend und agil handeln. So lautet zumindest die Vision motivierter Unternehmerinnen und Unternehmer. Eine Runde durch die Büros und das Zusammentreffen im Meeting zeigt jedoch die Realität: Menschen sind sehr unterschiedlich, was die Herangehensweise an Veränderungen betrifft.

Als in den 1970er Jahren die Psychologen Fritz Riemann und Christoph Thomann (1969) an den Ängsten der Menschen und an den Persönlichkeitstypologien zu forschen begannen, entwickelte sich daraus ein Modell, das bis heute zur Einordnung unterschiedlicher Verhaltenstypen herangezogen wird. Wir sehen darin vier wesentliche Prägungen im menschlichen Verhalten: einerseits die Prägung zwischen Distanz und Nähe, andererseits die Prägung zwischen Beständigkeit und Veränderung. Jeder Mensch neigt zu unterschiedlichen Ausprägungen. So begegnen wir in Unternehmen – grob eingeordnet – meist vier Verhaltenstypen:

• Den analytischen Zahlenmenschen, die alle Fakten im Blick haben;
• Den teamorientierten, hilfsbereiten Menschen, auf die man immer zählen kann;
• Den ideenreichen Menschen, die mit ihrer Energie und Geselligkeit glänzen;
• Und den Machtmenschen, die stets die Zügel in der Hand haben wollen.

Den meisten Führungskräften ist bewusst, dass Menschen unterschiedlich ticken. Dass sie jedoch auch auf ganz unterschiedliche Kommunikationsformen reagieren, wird häufig übersehen.

Den richtigen Match finden

Als ich vor einigen Jahren mit einem Start-up gearbeitet habe, war die Herausforderung folgende: Man war über die Gründerphase hinaus, die Mitarbeiterzahl erreichte bereits deutlich über 20 Personen. Bisher war informell und auf direktem Wege kommuniziert worden. Wer ins Team kam, wurde vom Sog und der Euphorie für das Produkt und das Unternehmen mitgerissen. Motivation und eine gemeinsame Kultur waren einfach da. Mit der Zeit stellten die beiden Geschäftsführer fest, dass sie neuen Teammitgliedern nur schwer erklären konnten, welche gemeinsamen Werte es gibt und was das Unternehmen eigentlich ausmacht. Sie erkannten, dass nicht alle neuen Mitarbeitenden blieben – ihnen fehlte die Klarheit.

So begannen wir gemeinsam, Werte zu erarbeiten und achteten darauf, die Menschen nach Verhaltenstypen in den Bereichen des Unternehmens einzusetzen. Gemeinsame Werte wie Pioniergeist und Serviceorientierung mussten von allen geteilt werden, doch stellte sich bald heraus, dass sich manche Bewerber von Ausdrücken wie „Dynamik, Reiz des Neuen, Innovationskraft" mehr angesprochen fühlten als von „Stabilität, Sicherheit, Vorhersehbarkeit". Jobinserate wurden passend formuliert. Die Menschen wurden typgerecht eingesetzt – zur Freude des introvertierten CFOs, der endlich nicht mehr auf die großen Bühnen der Pitching-Shows musste. Auch andere Teammitglieder durften ihre Schwerpunkte setzen. Die Fluktuation sank und die Motivation stieg.

Was das heute erfolgreich etablierte Unternehmen gelernt hat: Wer Menschen in ihrer Werte- und Verhaltenswelt abholt, schafft mehr Einverständnis und langfristige Beziehungen. Denken wir mehr in Komplementären und gehen wir nicht davon aus, dass nur der eigene Verhaltenstypus der richtige ist. Auch, wenn wir aus der Forschung wissen, dass wir diesem Trugschluss häufig erliegen. Schließlich finden wir normal, was dem Gewohnten entspricht. Wir denken aus unserem eigenen Verhaltenstypen und kommunizieren so, wie wir es selbst am besten verstehen. Deshalb ist es uns oft unerklärlich, dass das Gegenüber einfach nicht begreifen will, worum es uns geht.

Das zeigt sich am stärksten, wenn wir mit Menschen kommunizieren müssen, mit denen wir sehr wenige Verhaltenszüge teilen. So hadern einfühlsame Personen häufig mit dominanten Typen, da sie auf ganz unterschiedliche Weise kommunizieren. Einfühlsame Personen haben einen starken Zug zum Menschen, sie brauchen Harmonie und Verständnis. Dominante Personen hingegen haben den Zug zur Aufgabe, zur Umsetzung – dabei muss es nicht immer harmonisch zugehen. Im Gegenteil: Je stärker die Dominanz ausgeprägt ist, desto positiver reagiert diese Person auf handfeste Argumente, Lösungsvorschläge und Entscheidungsgrundlagen. Werden Probleme zu lange thematisiert und der gesamte Gefühlsteppich ausgebreitet, kann das durchaus zu Ungehaltenheit führen.

Mitarbeitende verstehen oft die Welt nicht mehr, wenn ihre Vorgesetzten ungeduldig reagieren und mit Druck versuchen, sie zu Lösungen zu bringen. Ist auf beiden Seiten Klarheit in Sachen Verhaltenstypen vorhanden, fällt die Kommunikation deutlich leichter. Das gleiche passiert bei den Komplementärtypen Gesellig und Gewissenhaft. Während der Gesellige gerne viel und bildhaft spricht, Smalltalk genießt und auch einmal nach Bewunderung heischt, versteht der Gewissenhafte diese Form der Kommunikation nur schwer. Dieser Typus braucht klare Zahlen, Daten und Fakten – andernfalls lässt er sich kaum überzeugen. Auch hier sind Probleme programmiert, wenn jeder nach seinem Verhaltenstypus kommuniziert.

Und so schließt sich der Kreis zur Begeisterung: Wer seine Mitarbeitenden für den Wandel und neue Arbeitsansätze begeistern möchte, muss sie in ihrer Denk- und Verhaltenswelt abholen. Auf Kommando begeistert sein, funktioniert nicht – da helfen keine Motivationsplakate und Action Days. Es ist die Aufgabe der Unternehmensführung, die verantwortlichen Führungskräfte in den Bereichen zu sensibilisieren. Ein erster Schritt ist, die Führungskräfte zu schulen, sodass sie ihren eigenen Verhaltenstypus kennenlernen und realisieren. Erst dann können sie ihre Kommunikation so optimieren, dass sie die ihnen anvertrauten Menschen abholen und in Bewegung bringen. Ausgewiesene Coaches bieten verschiedene Modelle der Personaldiagnostik an. Mein bevorzugtes Modell ist das 360-Grad-Feedback, bei dem eine Persönlichkeit sich selbst evaluiert und anschließend Fremdbilder von Vorgesetzen, Kolleginnen und Mitarbeitern eingeholt werden. Das Ergebnis zeigt, wie die Person an Veränderungen herangeht, wie ihr Arbeits- und Sozialverhalten einzuordnen ist. In Gesprächen leiten wir die Potenziale ab und legen die Lernfelder fest. Fast immer sind Wow-Momente dabei – spätestens dann, wenn es um Kommunikationsprobleme geht, die immer wieder auftauchen und deren Ursache bis dahin ungeklärt war.

12.2.4 Psychospiele und asymmetrische Kommunikation

Wenn wir als Menschen mit dem Wandel im Unternehmen nicht mehr mithalten können und Unsicherheit spüren, passiert es unweigerlich:

Wir fangen an, uns mit anderen zu vergleichen. Neid wird stark, der Drang nach Geltung höher. Da wir die sachlichen Vorgänge nicht klar verstehen und kein klar definiertes, gemeinsames Ziel mehr haben, konzentrieren wir uns auf die Beziehungsebene. Das heißt, wir beginnen, Psychospiele zu entwickeln.

Vom Kleinmachen der eigenen oder anderen Personen über vermeintlich wohlmeinende Ratschläge bis hin zu pessimistischen Warnungen begegnen uns alle denkbaren Varianten.

Spiele der Erwachsenen

Um Aufmerksamkeit und Respekt zu bekommen, spielen viele Erwachsene noch immer Spiele. Oft sind es genau dieselben, die sie bereits als Kinder gespielt haben. Aufmerksamkeit und Wahrnehmung durch andere ist ein psychologisches Grundbedürfnis des Menschen. Geht der Wandel im Unternehmen zu rasant und fühlen sich die Mitarbeitenden nicht verstanden, ist dieses Grundbedürfnis nicht mehr gedeckt. Sie beginnen, asymmetrisch zu kommunizieren, indem sie Informationen zurückhalten oder stiften Verwirrung stiften. Durch diese Rollenspiele schlüpfen sie je nach Vorliebe in die Rolle des Täters, des Opfers oder des Retters. Das Dramadreieck ist eröffnet und bietet nur Wissenden und Geübten die Möglichkeit des Entkommens. Alle anderen spielen unfreiwillig mit.

Die häufigsten Spiele:

Spiel 1: Mir hilft ja keiner! Eine häufig praktizierte Art, Aufmerksamkeit und Respekt zu bekommen, ist es, gleich von sich aus die Opferrolle einzunehmen, um andere zu Tätern zu machen. Vorwurfsvolle Aussagen wie „Ich wäre ja längst fertig, wenn ich nicht alles allein machen müsste!" fallen dann im Büro immer häufiger. Gegenüber anderen wird gerne übertriebener Aktionismus gezeigt: „Zuerst kümmere ich mich um die Post, danach habe ich die Tagesplanung zu erledigen und Müller wartet auch schon auf seine Dokumente. Bis Mittag bin ich hoffentlich fertig, weil da muss ich …" Körpersprachlich untermalen diese Menschen ihre Botschaft gerne mit hochgezogenen Schultern und einer vorwurfsvollen Stimme.

Spiel 2: Freu dich nicht zu früh! Es ist ein Kommunikationsspiel, das Pessimisten mit Bravour beherrschen: Erzählt man ihnen etwas Positives oder ist man glücklich und berichtet über einen Erfolg, wird ihre Miene umgehend skeptisch. Bevor der freudige Bericht fertig ist, stellt man fest, dass das Gegenüber die Freude nicht uneingeschränkt teilt. Nun setzt es zum Tiefschlag an. „Freu dich nicht zu früh!" ist eine verhärmte Aussage, die jegliches Vergnügen bitter macht. Wer dieses Spiel spielt, versucht, sich als Ratgeber Respekt zu verschaffen und mit vermeintlicher Lebenserfahrung auf das Schlechte an den Menschen und an Veränderungen hinzuweisen.

Spiel 3: Ich bin blöd! Und dann gibt es Menschen, die sich klein und dumm darstellen. Ein vermeintlich harmloses Spiel, um sich über das schlechte Gewissen der anderen Aufmerksamkeit und Respekt zu verschaffen. Typische Sprüche können sein: „Ich bin ja nur ein kleines Rädchen im großen Getriebe", „Was kann ich schon beitragen?" oder „Ich bin ja nur ein einfaches Kind vom Land!". Der Akteur macht sich zum Opfer und damit die anderen zu Tätern. Daraus kristallisieren sich sofort Retter, nämlich jene, die Verständnis zeigen und den Akteur eine Schonbehandlung einräumen. Das Perfide an dieser Sache: Der in seine Rolle gezwungene Täter macht sich auch bei den Rettern unbeliebt, wenn er hart durchgreift.

Spiel 4: Du bist blöd! Der Typ Scharfrichter sucht Fehler und Makel bei den anderen und hält sich nicht zurück, lautstark darauf hinzuweisen – in Paarbeziehungen, Eltern-Kind-Beziehungen, Freundeskreisen und am Arbeitsplatz. Während es Außenstehende schockiert, löst es bei wiederholter Anwendung bei den Betroffenen nicht nur Verlegenheit, sondern Scham und Kränkung aus. Ziel des Akteurs ist es, andere kleiner, ärmer oder dümmer darzustellen, um selbst größer, reicher oder klüger zu wirken.

Hintergrund aus der Psychologie

Verschiedene Spiele, die wir als Erwachsene spielen, um unsere Bedürfnisse zu befriedigen, identifizierte der Psychiater Eric Berne (2012, 2013). Entgegen der in der Zeit der 1960er-Jahre verbreiteten Praxis, den Patienten einen Seins-Zustand vorzuschreiben, hörte Berne aktiv zu und versuchte, sich ein Bild von der Person zu machen. Dabei entdeckte er verschiedene Ich-Zustände, aus denen heraus Menschen kommunizieren und agieren.

Berne fand heraus, dass in jedem Menschen ein Kindheitszustand steckt, der ihn prägt – übrigens viele Jahrzehnte bevor der Trend rund um das „innere Kind" entstand. Nach außen gibt der Mensch meist den rationalen Erwachsenen-Zustand oder den lehrenden, zurechtweisenden Eltern-Zustand vor.

Seine Analysen zeigen, dass diese Rollenspiele aus der Gewohnheit, aus dem Kindheits-Ich heraus entstanden sind, in der Regel nicht hinterfragt werden und dass sie immer nach dem gleichen Muster ablaufen.

Was können wir tun, um nicht selbst hineinzugeraten?

Wer im Unternehmen diese Spiele bemerkt, sollte umgehend handeln. Das bedeutet, die Protagonisten anzusprechen. Aber seien Sie achtsam: Kein Spieler möchte bloßgestellt werden. Deshalb ist es wichtig, Vermutungen in Ich-Form zu äußern und die eigene Wahrnehmung zu beschreiben. Im folgenden Kapitel finden Sie Ansätze, wie Sie Spiele vermeiden und ein wertschätzendes Kommunikationsfeld schaffen können.

12.2.5 Klarheit: Die Prinzipien einer motivierenden Kommunikation

Im letzten Teil unserer Reise durch die spannende Welt der Kommunikation und des Verhaltens sehen wir uns an, wie es gelingen kann, die große Fähigkeit der Zukunft einzusetzen und ein positives, konstruktives Arbeitsklima zu schaffen.

Wandel findet immer statt – und ohne platte Sprichworte zu verwenden, begleitet uns Veränderung auf unserem gesamten Lebens- und Karriereweg. Viele Unternehmen sehen sich mit hoher Dynamik konfrontiert, da ihr Erfolg nicht nur von ihrer Anpassungsfähigkeit, sondern auch von ihrem Pioniergeist abhängig ist. Die Menschen im Unternehmen müssen bereit sein, Neues zu wagen und Risiko einzugehen – aber natürlich, ohne die wirtschaftliche Gebarung zu gefährden. Hier beißt sich die Katze in den Schwanz; denn Mut ist immer mit Risikobereitschaft verbunden. Die Mitarbeitenden brauchen die Kompetenz des vernünftigen Abwägens und eine Kultur, die es möglich macht, sich zu entfalten. Die wahrgenommene psychologische Sicherheit ist der Nährboden, auf dem Veränderungsbereitschaft gedeihen kann.

In meinem Buch „Bei allem Respekt!" stelle ich die drei Prinzipien vor, mit denen einen wertschätzende, motivierende Unternehmenskultur gelingen kann.

Diese **Prinzipien** möchte ich unter dem **Aspekt der Future Skill – Kommunikation** mit Ihnen hier teilen:

Prinzip 1: Baue auf, statt zu zerstören
Wer eine Kultur der Wertschätzung und Motivation möchte, sucht das Potenzial in Menschen. Führungskräfte, die aufbauen, erkennt man am positiven Wortschatz. Statt „Immer muss ich!" sagen sie: „Heute darf ich!" Sie sind resilient und sehen das Positive im Menschen. Aussagen wie „Das ist wieder typisch!" verwenden sie kaum – stattdessen fragen sie nach und interessieren sich für die Beweggründe ihrer Teammitglieder.

Wer das Positive sieht und anspricht, macht anderen Mut. Er hebt sie hoch und stärkt sie. Eine Führungskraft, die einem Teammitglied Feedback gibt, hat zwei Wege, das zu tun:

- **Weg 1:** „Du bist ein super Teamkollege, aber deine Umsätze sind deutlich unter dem Ziel."
- **Weg 2:** „Du bist ein super Teamkollege und deine Herausforderung sind jetzt ganz klar deine Umsätze."

Im Unterschied zu Weg 1 wurde bei Weg 2 das „aber" herausgenommen und eine klare Kommunikation gewählt.

Prinzip 2: Ermögliche, statt einzuschränken
Wer alles kleinredet, wird selbst nie zu wahrer Größe kommen. Es gibt zwei Spezies von Menschen, die einschränken: eine, die sich selbst viel und anderen wenig gönnt und eine, die weder sich noch anderen etwas gönnt. In beiden Fällen ist die Rhetorik von schmälernden, bagatellisierenden

Begriffen geprägt. Was bedeutet das? Einschränkende Menschen versuchen, anderen den Zugang zu etwas zu verwehren, zum Beispiel zu Emotionen. „Hab dich nicht so!", sagen sie gerne, oder „Da brauchst du eben eine dickere Haut!" Das kann hart treffen, denn wer in Emotion ist, braucht Empathie – und nicht Verharmlosung. Das bedeutet nicht, dass wir die Emotion teilen oder in Mitleid versinken müssen; damit hilft man in den seltensten Fällen. Zeigen wir im Fall von Emotionen jedoch unser Mitgefühl, so gewinnen wir das Vertrauen und den Respekt unseres Gegenübers.

Einschränkende Menschen schaffen es aber nicht nur, Emotionen zu bagatellisieren. Sie verstellen anderen auch Chancen, indem sie Zweifel säen. Dabei arbeiten sie am liebsten mit dem Wörtchen *nicht,* idealerweise verpackt in Suggestivfragen. Ich spreche hier gar nicht von Zwangseinschränkungen wie „Das geht nicht!", sondern von subtilen Restriktionen, die dem Gegenüber in Form negativer Fragestellungen aufgetragen werden.

Zum Beispiel:
„Glaubst du nicht auch, dass das etwas übertrieben ist?" Wer aufbauende Rhetorik einsetzt, sagt stattdessen: „Lass uns deinen Vorschlag überprüfen."

Natürlich benötigt dieser rhetorische Ansatz etwas Training. Am einfachsten ist es, vor dem Sprechen einmal tief durchzuatmen. In dieser Zeit verwerfen Sie Ihren ersten Impuls. Nehmen Sie Ihr Gegenüber bewusst wahr – diese Person hat Gründe, weshalb sie ein bestimmtes Verhalten gewählt hat. Respektieren Sie diese, und Respekt ist Ihnen gewiss. Ermöglichen Sie einen Dialog, statt mit Warum-Fragen oder Ratschlägen den anderen in die Defensive zu zwingen.

Prinzip 3: Setze Grenzen, statt dich selbst zu opfern
„Mach dich gleich einmal unbeliebt", soll Konrad Adenauer, der erste Kanzler der Bundesrepublik Deutschland, gesagt haben, „dann nimmt man dich ernst."

Menschen, die sich für andere aufopfern, haben genau damit ein Problem: Sie wollen es allen recht machen und ja nicht anecken. Dabei verwenden sie ein Wort viel zu häufig: *Ja.* Sie ärgern sich hinterher über ihre Gutmütigkeit und fühlen sich ausgenutzt. Das Resultat: Sie werden sarkastisch und ungehalten. Im Job schaffen sie es meist noch mit Zynismus, doch zuhause entlädt sich der Druck mit voller Wucht. Wer nicht schnell genug flüchtet, bekommt es ganz dicke – egal ob es der Partner, das Kind oder der Hund ist. Kombiniert mit einer gehörigen Portion Perfektionismus, erreichen diese Menschen oft genau das Gegenteil: Man respektiert sie zwar als fleißige Mitarbeiter, Kolleginnen oder Freunde – gleichzeitig werden ihre Wünsche und Bedürfnisse in keiner Weise respektiert. „Wie kann ich Grenzen setzen?" ist eine der häufigsten Fragen, die ich in meiner Arbeit gestellt bekomme.

Gut, dass die Rhetorik dafür ein probates Mittel bereithält. Denn in diesem Bereich der zwischenmenschlichen Kommunikation, auch Dialektik genannt, geht es darum, die eigene Position zu festigen und zu überzeugen.

Deshalb trainiere ich es in meiner Arbeit mit einer simplen Technik, mit der sofort Grenzen gesetzt werden – ohne, dass die Freundlichkeit verloren geht: Statt *Ja, aber* heißt es ab sofort *Nein, aber*. Diese kleine Umstellung der Wortwahl hat einen **großen Effekt: Sie wirken sofort souveräner.**

Versuchen Sie es! Künftig vermeiden Sie aufopfernde Sätze wie „Ja, aber ich weiß nicht, wie ich das noch schaffen soll." Stattdessen setzen Sie höflich eine Grenze und geben gleich eine Hilfestellung dazu. „Nein, aber ich gebe dir gerne einen Kontakt, der dir helfen kann."

Future Skill Kommunikation: Bleiben Sie dran!
Mit diesen Prinzipen für eine wertschätzende, motivierende Kommunikation haben Sie nun einige Ansätze an der Hand. Probieren Sie diese klare und positive Rhetorik einmal in Ihrem privaten Umfeld aus – Sie werden merken, wie sich Ihre Beziehungen verändern. Gehen Sie damit in Ihr berufliches Umfeld und achten Sie darauf, diese Klarheit auch in der Kommunikation mit Ihren Kolleginnen und Kollegen einzusetzen.

Dieses Konzept wird Ihre Unternehmenskultur nicht von heute auf morgen transformieren und Ihre Mitarbeitenden mit dem Zauberstab in ein hochflexibles, veränderungsfreudiges Team verwandeln – doch einige der Effekte werden Sie umgehend wahrnehmen. So reagieren Menschen offener auf Feedback und Vorschläge, wenn sie sich wertgeschätzt fühlen. Die Bereitschaft und der Mut, sich auf Neues einzulassen, steigen. Und mit der Sicherheit einer klaren Kommunikation erhöht sich auch die Sicherheit der Beziehungen und das Vertrauen ins Team. Die Menschen im Unternehmen gestalten die Transformation aktiv mit, statt ängstlich abzuwarten. Das sind Ihre Aussichten, wenn Sie in die Kommunikation als Future Skill investieren.

Literatur und Quellen

- Eric Berne (2012): Was sagen Sie, nachdem Sie „Guten Tag" gesagt haben? 22. Auflage, Fischer.
- Eric Berne (2013): Spiele der Erwachsenen. 14. Auflage, Rowohlt Verlag.
- Robert B. Cialdini (2017): Die Psychologie des Überzeugens. 8. Auflage, Hogrefe Verlag.
- Daniel Kahneman (2012): Schnelles Denken, langsames Denken. Siedler Verlag.
- Fritz Riemann (1969): Grundformen der Angst. Ernst Reinhardt Verlag. 2003.
- Friedemann Schulz von Thun (1981): Miteinander reden Band 1–3. 1981, Rowohlt Verlag.
- Stifterverband (2021): Diskussionspapier Nr. 3, Future Skills: 21 Kompetenzen für eine Welt im Wandel. Verfügbar: https://www.stifterverband.org/medien/future-skills-2021, abgerufen am 09.10.2023
- Iris Zeppezauer (2022): contra! Angriffe erkennen. Treffend kontern. Wirksam durchsetzen. 2. Auflage, Business Village.
- Iris Zeppezauer (2023): Bei allem Respekt! Wie wir mit Klarheit ganz natürlich Ansehen gewinnen. 1. Auflage, Business Village.

Ausblick | Vom Deep Dive zum GoLive!

Gut gerüstet sind Sie nun für das Ziel des Marathons, den GoLive! Im dritten und letzten Buch dieser Reihe gibt es vieles, was es für diesen ersehnten Termin zu beachten gilt: Hürden und Stolpersteine, was für den GoLive notwendig ist, das wichtige Testen von A bis Z und ein sinnvolles Testmanagement. Wie sieht die Phase nach dem GoLive aus – HyperCare und nun?! Die Transformation geht weiter, wie ist die Organisation am besten weiterzuentwickeln, welche Spiral Dynamics-Phasen & Co gibt es, damit es nicht bei „Lipstick Agile" bleibt?

- Was sind die wichtigsten Faktoren für einen gelungen GoLive und wie sichern Sie sich künftig für UpDates und UpGrades ab? Wie sind in Zukunft Ihre Rollouts geplant und umsetzbar?
- Wie behalten Sie nach dem GoLive Ihre Weiterentwicklung am Puls der Zeit?
- Wie sieht ein Skalierungsframework aus und haben Sie sich mit dem Gedanken von einer Projekt- zur Produktstruktur und dem End2End-Ansatz schon einmal befasst?!

© Der/die Herausgeber bzw. der/die Autor(en), exklusiv lizenziert an Springer-Verlag GmbH, DE, ein Teil von Springer Nature 2024
S. Kern, *Das Transformation-Management-Office – Deep Dive*, https://doi.org/10.1007/978-3-662-69335-3

Wenn nicht und wenn Sie in Zukunft weitere erfolgreiche GoLives umsetzen möchten – dann freue ich mich, Sie für das TMO III GoLive als Leser zu gewinnen.

Erfolgreiche und herzliche Grüße – Sylvia Kern

Literatur

Dilts RB (2017) Strategie of Genius, Dilts Strategy Group

Eric B (2002) Spiele der Erwachsenen: Psychologie der menschlichen Beziehungen, Rowohlt Taschenbuch

Hiatt J (2006) ADKAR: A Model for Change in Business, Prosi Research

Kern S (2022) Future Skill Vielseitigkeit. Springer Gabler Verlag

Kotter J (2017) Das Pinguin-Prinzip: Wie Veränderung zum Erfolg führt, Droemer

Kübler-Ross E (2014) Interviews mit Sterbenden. Kreuz, Freiburg im Breisgau

Lüscher M (2005) Der 4-Farben-Mensch: Wege zum inneren Gleichgewicht, Ullstein Taschenbuch

McKinsey (2019) The transformation office: Key success factors. https://www.mckinsey.de/business-functions/transformation/our-insights/the-transformation-office-key-success-factors

Patricia Gwerder: ADKAR-Modell nach Prosci®: Wie wir Veränderungen begleiten. Prozessraum (2017) https://prozessraum.ch/adkar-modell-nach-prosci/

Schein EH (2018) Organisationskultur und Leadership, Vahlen

The Prosci ADKAR Model, https://www.prosci.com/methodology/adkar

© Der/die Herausgeber bzw. der/die Autor(en), exklusiv lizenziert an Springer-Verlag **139**
GmbH, DE, ein Teil von Springer Nature 2024
S. Kern, *Das Transformation-Management-Office – Deep Dive*,
https://doi.org/10.1007/978-3-662-69335-3

Weiterführende Literatur

Birkenbihl VF (2021) Story Power: So bestimmen Geschichten unser Denken & Handeln, Klarsicht

Cottin C, Döhler S (2009) Risikoanalyse. Vieweg Teubner

Dräther R, Koschek H, Sabling C (2013) Scrum kurz & gut, O`Reilly Verlag GmbH & Co. KG

Ebert B (2018) Prozessoptimierung bei Industrie 4.0 durch Risikoanalysen, Springer Vieweg

Fischer R, Ury W, Patton B, Neubauer J (2018) Das Harvard-Konzept: Die unschlagbare Methode für beste Verhandlungsergebnisse

Forbes (2016) Are these the 7 real reasons why tech projects fail? https://www.forbes.com/sites/bernardmarr/2016/09/13/are-these-the-real-reasons-why-tech-projects-fail/#249bc7817320

Glasl F (2020) Konfliktfähigkeit statt Streitlust, Verlag am Goetheanum

Müller J (2022) Trainer „Robert B. Dilts“. https://www.impulse.de/selbstmanagement/walt-disney-methode/3831387.html

Kliem RL (2015) Managing lean projects. An Auerbach Book

Laloux F (2015) Reinventing organizations. Vahlen Franz GmbH

Nöllke M (2019) Die Sprache der Macht: Wie man sie durchschaut. Wie man sie nutz. Haufe Fachbuch

Stiftsverband (2018, 2019 ff) Future skills https://www.stifterverband.org/future-skills

von Thun S (O. J.) Friedemann: das Kommunikationsquadrat. https://www.schulz-von-thun.de/die-modelle/das-kommunikationsquadrat

Womack JP, Jones DT, Ross D (2007) The machine that changed the world: The story of lean production. Free Press

SPRINGER NATURE

GPSR Compliance

The European Union's (EU) General Product Safety Regulation (GPSR) is a set of rules that requires consumer products to be safe and our obligations to ensure this.

If you have any concerns about our products, you can contact us on ProductSafety@springernature.com

In case Publisher is established outside the EU, the EU authorized representative is:

Springer Nature Customer Service Center GmbH
Europaplatz 3
69115 Heidelberg, Germany

The manufacturer's authorised representative in the EU is Springer
Nature Customer Service Centre GmbH, Europaplatz 3, 69115 Heidelberg,
Germany. If you have any concerns regarding our products, please
contact ProductSafety@springernature.com

Printed and bound by CPI Group (UK) Ltd, Croydon, CR0 4YY

24/04/2026

02096352-0003